乡村幼儿园教师培训系列教材　　总主编　唐　敏　周念丽

乡村幼儿园
班级管理

主　编　唐　敏　王晓曦
副主编　蒲明玥　高志英
　　　　马宗娅　周叙辰

西南大学出版社
国家一级出版社　全国百佳图书出版单位

图书在版编目(CIP)数据

乡村幼儿园班级管理/唐敏,王晓曦主编.— 重庆:西南大学出版社,2022.8
ISBN 978-7-5697-1208-7

Ⅰ.①乡… Ⅱ.①唐…②王… Ⅲ.①幼儿园－班级－学校管理 Ⅳ.①G617

中国版本图书馆CIP数据核字(2021)第254275号

乡村幼儿园班级管理
XIANGCUN YOUER'YUAN BANJI GUANLI

唐　敏　王晓曦/主编

策　　划:	杨　毅　杨景罡
执行策划:	熊家艳
责任编辑:	翟腾飞
责任校对:	熊家艳
封面设计:	散点设计
版式设计:	闰江文化
排　　版:	张　祥
出版发行:	西南大学出版社
地　　址:	重庆市北碚区天生路2号
邮　　编:	400715
印　　刷:	重庆长虹印务有限公司
幅面尺寸:	185mm×260mm
印　　张:	11.5
字　　数:	211千字
版　　次:	2022年8月　第1版
印　　次:	2022年8月　第1次印刷
书　　号:	ISBN 978-7-5697-1208-7
定　　价:	29.80元

丛书编委会

总主编 | 唐　敏　昆明学院
　　　　 | 周念丽　华东师范大学

编　委 | 张管琼　昆明市教工第一幼儿园
　　　　 | 和晓春　中国人民解放军32554部队机关幼儿园
　　　　 | 葛露霞　昆明市西山区第六幼儿园
　　　　 | 刘忠书　漾濞彝族自治县教育体育局
　　　　 | 杨宏芬　巍山彝族回族自治县教育体育局
　　　　 | 钱丽华　香格里拉市三坝乡白水台小学
　　　　 | 兰　承　香格里拉市三坝乡中心幼儿园

扫描获取本书
教学资源

编写说明
BIANXIE SHUOMING

自20世纪80年代以来,大力发展学前教育已经成为世界未来教育的目标之一。学前教育作为终身学习的开端,不仅是国民教育体系的重要组成部分,更是重要的社会公益事业。尤其是办好乡村学前教育,对于建设社会主义新农村、构建和谐社会和实现教育公平有着极其重要的意义。

中国0—14岁人口约为2.53亿(截至2020年11月1日)。近年来,我国政府坚持"儿童优先"原则,推动儿童事业发展取得了显著成就。尤其是连续出台的三个发展学前教育的三年行动计划,已经极大地提高了三年学前教育的普及程度。截至2021年,我国学前儿童三年毛入园率已经超过了85%,尤其是在发展农村学前教育,帮助乡村孩子全面发展,阻断贫困代际传递方面取得了很好的成效。

但是对于集边疆、民族、山区、贫困为一体的云南乡村地区来说,学前教育资源总量不足,发展不平衡问题一直是制约学前教育改革发展的突出问题。云南省在三个发展学前教育的行动计划中,大力推行"一村一幼"计划,利用闲置校舍改扩建、投资新建了许多乡村幼儿园,加上一些非政府组织也在云南省建了许多乡村幼儿园(班),让大多数乡村的孩子们也能享受到学前教育。这些乡村幼儿园有些附设在乡村小学里,由乡镇中心学校管理,有些就设在行政村,甚至自然村。由于目前许多年轻人都到外地打工,留在村里的几乎都是老人和留守儿童,所以许多乡村幼儿园规模很小,甚至一所幼儿园就只有一个班,以混龄班形式存在。由于资源有限,许多乡村幼儿园缺乏专业师资,只能招聘一些临聘人员任教,他们绝大多数没有学前教育专业背景,学历和文化层次较低,而且有些年龄偏大,学习能力较弱,大多没有经过培训就匆忙上岗,对幼儿园教育活动和游戏活动、一日生活和卫生保健、政策法规和职业道德规范等几乎一无所知。所以在幼儿园的管理和保教工作中存在突出的小学化、成人化倾向,保教质量也堪忧。但令人欣慰的是,这些乡村教师非常热爱自己的工作,热爱孩子,尽管条件艰苦,收入不高,仍然坚守岗位,兢兢业业地工作,他们非常渴望得到专业的培训和指导,也希望提高自身的专业素质和能力。

为了提升乡村幼儿园教师专业能力,从而促进学前教育发展,依托世界银行云南学前教育发展实验示范项目昆明学院子项目,昆明学院学前与特殊教育学院设计了一系列针对乡村学前教育发展的活动,包括前期调研,摸清云南乡村地区学前教育发展现状,组织专业教师及大学生志愿者团队送培下乡,提升乡村幼儿园教育质量;编写乡村幼儿园教师培训教材及配套资源,开发乡村幼儿园膳食管理软件、幼儿身心发展观察评估工具等。

为保障乡村幼儿园的基本保教质量,亟需通过多种形式对教师进行培训,或者引导他们通过自主学习,逐渐提高自身的专业素质。我们的乡村幼儿园教师培训教材应运而生,华东师范大学周念丽教授和昆明学院学前与特殊教育学院院长唐敏教授为总主编,由昆明学院等高校学前教育专业教师和来自幼儿园一线的园长和骨干教师组成编写队伍。团队七次下乡,深入到五个县十二个乡镇四十三所乡村幼儿园实地走访和指导,周念丽教授也从上海来到云南,亲自带领团队深入偏远山村,摸清乡村幼儿园的现状和需求,力求做到帮助乡村幼儿园教师解决实际问题,体现乡村幼儿园教育特色,编写出了六本适合乡村幼儿教师开展日常保教工作最亟需、最实用的教材,包括《乡村幼儿园卫生保健》《乡村幼儿园环境创设》《乡村幼儿园班级管理》《乡村幼儿园游戏活动指导》《乡村幼儿园教育活动设计与指导》和《学前教育政策法规与乡村幼儿教师职业道德规范》。该系列教材编写时力求体现以下特点：

1.时代性：教材内容反映时代特点，既体现《幼儿园教育指导纲要(试行)》《3—6岁儿童学习与发展指南》的精神，又把当前学前教育改革发展的新理念和新方法融入教材内容中，体现时代性。

2.专业性：教材内容既关注幼儿生存与发展权益保护的相关法律法规及政策，又针对幼儿身心发展规律和学习特点，帮助乡村幼儿教师理解幼儿园保教工作中所需的各领域基本知识，掌握幼儿园的保育和教育、环境创设、班级管理、家园共育、卫生保健工作等的基本方法和策略。

3.实操性：针对乡村幼儿教师文化素质不高、学习能力不强的特点，教材编写的内容和编写形式强调理论与实践相结合，弱化理论，突出实操，通俗易懂、生动形象，提供相应的图片和案例，易于乡村幼儿园教师理解和掌握。

4.数字化：本系列教材还提供了大量的案例和学习资料，包括活动视频、PPT、学习资料、班级管理常用表格、儿童身心发展测评工具、家长讲座的提纲等，形成了丰富的资料库，以数字化的形式在线上平台展示，每本教材都有二维码，使用时用手机扫码即可观看，方便偏远山区教师随时随地学习和使用。随着学前教育的改革发展，根据需要这一数字资源还可不断更新、丰富和完善。

这六本乡村幼儿园教师培训教材的出版，首先得益于云南省教育厅申请到的世界银行云南学前教育发展实验示范项目，在项目的支持下完成全部的工作。另外教育厅分管学前教育的基教二处在本书编写团队面向全省的调研中给予了大力的支持和帮助，教育厅民族教育处还提供了经费支持。在深入云南省的多个乡村调研和培训时，有许许多多令人感动和难忘的人和事。香格里拉市三坝乡白水台小学钱丽华校长和香格里拉市三坝乡中心幼儿园兰承园长带着我们跑遍了全乡所有乡村幼儿园，至今都还记得哈巴雪山脚下那些壮丽的风景和崎岖的山路，以及那些坚守岗位的老师们。在大理漾濞，教研员刘忠书老师陪同我们翻山越岭到最偏远的山村，山里有些幼儿园都是村民免费拿出自己的房子开办的，刘忠书老师想尽一切办法为这些幼儿园添置设施设备改善条件。在大理巍山，教研员杨宏芬老师听说我们送培下乡，把全县所有幼儿园六百多名教师都召集起来听我们的讲座，觉得这是非常难得的机会。

昆明市教工一幼张管琼园长、32554部队机关幼儿园和晓春园长、昆明市西山区第六幼儿园园长葛露霞、昆明学院附属幼儿园高春玲园长带领教师团队深入多个乡村幼儿园培训教师、入园指导。还有参与这六本教材编写的所有园长和教师们,心里装着满满的爱心和情怀,都尽心尽力不计报酬。我们所有人所做的这一切只是想尽一个幼教人的情分和责任,为那些地处偏远的乡村幼儿园能够高质量地发展提供一些支持和帮助,让在同一片蓝天下的乡村孩子们也能享受优质的学前教育,为自己的人生奠定良好的基础。

也希望这套乡村幼儿园教师培训教材能够为全国其他省市同类型的乡村幼儿园的教师提供借鉴和帮助。

编写组

2022年5月16日

总序
ZONGXU

近年来,国家对农村学前教育的关注达到了前所未有的高度。

2018年,《教师教育振兴行动计划(2018—2022年)》指出:"改善教师资源供给,促进教育公平发展。加强中西部地区和乡村学校教师培养,重点为边远、贫困、民族地区教育精准扶贫提供师资保障",作为教师教育振兴行动计划的目标任务。主要措施"加强县区乡村教师专业发展支持服务体系建设,强化县级教师发展机构在培训乡村教师方面的作用""赋予乡村教师更多选择权,提升乡村教师培训实效。推进乡村教师到城镇学校跟岗学习,鼓励引导师范生到乡村学校进行教育实践。'国培计划'集中支持中西部乡村教师校长培训"。在国家政策的引领和推动下,农村学前教育在"量"的普及和"质"的提升方面都实现了飞跃发展,具体体现在幼儿的入园率显著提升、幼儿园普及程度明显提高等方面。

但偏远地区的乡村地区大都曾经是贫困地区,交通通达度低,造成师资力量薄弱和相关课程匮乏,所以这些地区的乡村幼儿园的保教质量相对较差。为此,亟需能提升师资力量、夯实乡村幼儿园保教基础的优质指导用书。

从云南省等少数民族地区的乡村幼儿园教师的现状来看,出版两类指导用书迫在眉睫。

第一类是"知"的层面,即对政策法规、理念和师德等基本概念之获得的指导用书。乡村幼儿园教师，有的从小学转岗而来，有的是非教育背景凭着一腔热血而来，还有的是当地村民经过简单培训后担任。这些情况表达了一个诉求：为其提供学前教育的相关政策法规知识、传授科学适宜的教育理念以及作为一名教师所必备的师德之概念已是时不我待。

第二类是"行"之层面，即为乡村幼儿园教师提供管理和教学实践有关的指导用书。以"一村一幼"为主要特点的乡村幼儿园，有的只有几个或十几个幼儿，教师也只有一两名，但"麻雀虽小，五脏俱全"，教学管理和以游戏为基本活动的教育活动设计与实施、家园互动等缺一不可。因此，与幼儿园管理和教学有关的实践指导用书应该是乡村幼儿教师们翘首以待的。

昆明学院学前与特殊教育学院的院长唐敏教授带领由高校教师和一线优秀园长们组成的编写团队，编写了能使乡村幼儿园教师"知行合一"的指导用书。他们的双肩担负起振兴乡村幼儿园之重担，不为金钱和名誉，不厌不倦，但求心之所安、促师有成。

在这套指导用书中，从"知"的层面出发，是以《学前教育政策法规与乡村幼儿教师职业道德规范》为开篇之作。该书分上下两篇，上篇对儿童权利与保护、学前教育相关政策法规的框架结构都进行了阐述，与此同时，对这些政策法规的变迁也做了回溯整理，还辅以相关的案例分析，使乡村幼儿教师在理解这些政策法规时有抓手，易记住。下篇则聚焦乡村幼儿教师的职业道德规范，进行了文本的解读和实践路径的指引。从"行"的层面出发，该套丛书既有从管理入手的《乡村幼儿园班级管理》，又有着眼于实践操作的《乡村幼儿园卫生保健》《乡村幼儿园游戏活动指导》《乡村幼儿园教育活动设计与指导》以及《乡村幼儿园环境创设》四本书。这五本书都是以教育部2012年颁布的《3—6岁儿童学习与发展指南》精神为依据、基于陈鹤琴先生的"活教育"等理论，站在幼儿立场，以全新的教育理念作为统领，注重可读性和可操作性。在这五本书中，均以"学习目标"唤起读者对学习重点的注意；用"思维导图"来梳理章节的脉络；通过翔实生动的"小案例"来引起读者的"大思考"，行文生动，便于乡村幼儿教师理解和掌握。阅之，深感这套丛书值得期待！

感动于唐敏院长及其团队为促进乡村幼儿园的保教质量发展、提升乡村幼儿教师的管理和教学的"知"与"行"水平而行远自迩，笃行不息，编成这套乡村幼儿教师指导用书，是以欣以为序，也深表敬佩之情。

周念丽　华东师范大学
2021年12月3日写于厦门

前言
QIANYAN

  为了响应《国务院关于当前发展学前教育的若干意见》和《中共中央国务院关于学前教育深化改革规范发展的若干意见》的号召，进一步落实《关于加强新时代乡村教师队伍建设的意见》有关乡村教师队伍建设方面的要求，建设高素质、专业化的乡村幼儿教师队伍，以切实提升乡村教育质量，进一步发挥教育在深化乡村改革、加快推进农业现代化中的积极作用，我们编写了本书。

  乡村幼儿园班级管理是乡村幼儿园管理的核心，乡村幼儿园班级管理的质量与幼儿园的教育质量紧密相关、相互影响，它将直接作用于乡村幼儿的学习与发展。高质量的乡村幼儿园班级管理有助于提升乡村学前教育质量，进而推进教育扶贫，从人生早期阻断贫困代际传递，最终对推进教育公平、实现社会可持续发展具有重要意义。本书从农村幼儿园班级管理的角度着手，力求以理论结合实践的方式编写，为广大乡村一线幼儿教师提供可理解的理论、可借鉴的策略、可操作的方法，帮助其科学有效地在乡村幼儿园一线实践中开展班级管理工作。

  本书共分为五章，其中第一章为理论概述，全面地阐释了乡村幼儿园班级管理的含义、要素和内容；第二章至第五章为由理论落地为实践的分析，主要包括乡村幼儿园班级管理的环节及要点、乡村幼儿园各年龄班级的管理要点及策略、乡村幼儿园家园共育的策略、乡村幼儿园与社区合作共育的策略等内容。本书的编委会成员由理论研究者与幼儿园一线管理者共同构成，编委会成员多有从事乡村幼儿教育研究或实践的经历，因此本书以深入浅出的理论介绍、翔实丰富的案例分析、实用落地的工具呈现贯穿始终，力求对乡村幼儿园一线的管理者和教师开展班级管理工作进行从知到行的指导，同时也为即将从事乡村幼儿教育工作的学前教育专业学生提供理论学习的依据。

本书由昆明学院学前与特殊教育学院院长唐敏教授组织专家编写，各章编写人员如下：第一章及全书统稿工作由昆明学院学前与特殊教育学院教师蒲明玥负责完成，第二章由昆明市呈贡区第三幼儿园党支部书记、园长马宗娅负责编写，第三章由昆明学院学前与特殊教育学院王晓曦博士负责编写，第四章由丽江市古城区丽瑛幼儿园园长高志英负责编写，第五章由昆明学院附属幼儿园副园长周叙辰负责编写，全书引用了大量有价值的参考文献及案例，为集体智慧的结晶，在此谨向所有文献的提供者表示感谢。

由于编者学识浅陋，本书应存在不少疏漏与不足之处，恳请同行与读者批评指正。

编者

2021年9月

目录
MULU

第一章 乡村幼儿园班级管理概述　　/001

　　第一节 / 乡村幼儿园班级管理中的要素　　/003

　　第二节 / 乡村幼儿园班级管理中的内容　　/021

第二章 乡村幼儿园班级管理的环节　　/033

　　第一节 / 乡村幼儿园班级工作计划的制订　　/035

　　第二节 / 乡村幼儿园班级工作的组织与实施、检查与调整 /052

　　第三节 / 乡村幼儿园班级工作的总结与评估　　/059

第三章 乡村幼儿园各年龄班级的管理　　/085

　　第一节 / 乡村幼儿园小班班级管理　　/087

　　第二节 / 乡村幼儿园中班班级管理　　/098

　　第三节 / 乡村幼儿园大班班级管理　　/106

　　第四节 / 乡村幼儿园混龄班班级管理　　/110

第四章　乡村幼儿园家园共育策略　　/115

第一节 / 乡村幼儿园家园共育的内容　　/117
第二节 / 乡村幼儿园家园共育的形式　　/128
第三节 / 乡村幼儿园家园共育中的特殊问题　　/141

第五章　乡村幼儿园与社区合作共育的策略　　/151

第一节 / 乡村幼儿园可利用的社区资源　　/153
第二节 / 乡村幼儿园与社区合作共育的实践活动　　/159

参考文献　　/167

第一章 乡村幼儿园班级管理概述

学习目标

◎ 乡村幼儿园班级管理的含义。

◎ 乡村幼儿园班级管理的要素。

◎ 乡村幼儿园班级管理的内容。

思维导图

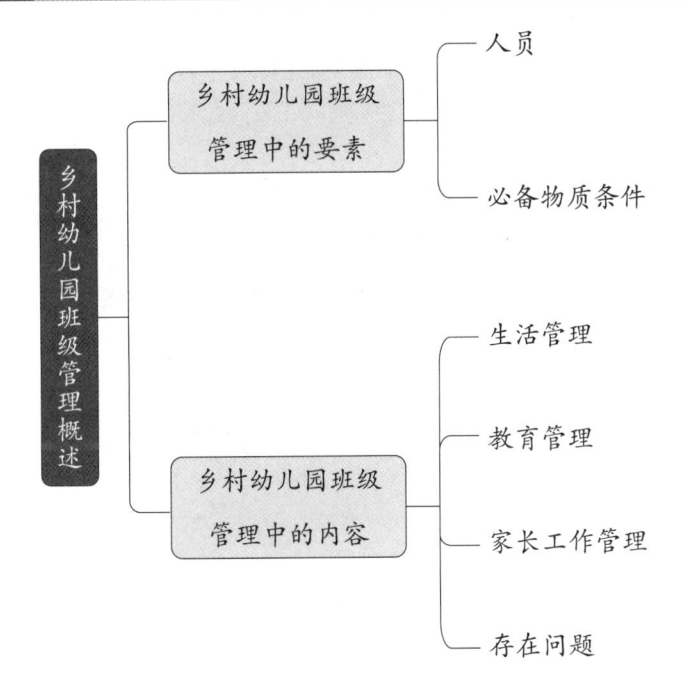

乡村幼儿园班级管理概述
- 乡村幼儿园班级管理中的要素
  - 人员
  - 必备物质条件
- 乡村幼儿园班级管理中的内容
  - 生活管理
  - 教育管理
  - 家长工作管理
  - 存在问题

小案例

刚转入大一班的丽丽,每天都是自己上幼儿园。但是最近她却不愿意自己上幼儿园了,问她为什么,她什么也不说。后来,林老师观察过后发现了答案。这是因为,丽丽的衣服总是又破又脏,其他小朋友因为她不讲个人卫生都不喜欢跟她玩,还私下议论她。这下丽丽可不高兴了,较强的自尊心让她和小朋友发生了冲突。于是王老师决定去家访,后来发现丽丽的家庭环境不容乐观,爸爸常年在外打工,妈妈不仅要照顾她还要照顾两岁的弟弟,还要做家务、养猪、干农活,他们的个人卫生基本无暇顾及。王老师和丽丽妈妈交流了幼儿的个人卫生习惯培养对孩子发展的重要性,帮助妈妈认识到需要改变孩子们的卫生习惯。王老师回到幼儿园以后,帮姐弟俩从捐来的衣物中找了几套干净的服装,丽丽终于能够穿着干净整齐的衣服上幼儿园了。为了帮助丽丽更好地融入班级环境,王老师经常有意识地抱抱她、特别地邀请她跟着老师一起做游戏,经常在小朋友面前鼓励她。逐渐地,小朋友们接受了丽丽,并且经常邀请她一起玩,丽丽恢复了往日的笑容,还拥有了好朋友。[1]

大思考

①从班级管理的角度,林老师做了哪些事情帮助丽丽?
②案例中体现了幼儿园班级管理中包含的哪些要素和内容?
③乡村幼儿园班级管理有哪些特殊性?

---

[1] 王化敏.给幼儿教师的一把钥匙——幼儿教师教育实践策略指导[M].北京:教育科学出版社,2008.(有改动)

班级是幼儿园的基层单位,它也是乡村幼儿园实施保教任务的基本单位。乡村幼儿园班级管理是乡村幼儿园管理的核心,农村幼儿园班级管理的质量与幼儿园的教育质量紧密相关、相互影响。提升保教质量须首先从提升班级管理的角度入手,科学有效的乡村幼儿园班级管理,将直接作用于乡村幼儿的学习与发展,有助于提升乡村学前教育质量,进而推进教育扶贫,从人生早期阻断贫困代际传递,最终对推进教育公平、实现积极社会可持续发展具有重要意义。

本章将从乡村幼儿园班级管理的构成要素和主要内容两个方面展开阐述,以期为乡村幼儿园教师的一线实践提供指导。

第一节
乡村幼儿园班级管理中的要素

幼儿园班级是由教师、保育员和幼儿共同构成的生活和学习集体,幼儿园班级是幼儿园最基层的部分,是孩子真实生活的环境,也是进行保育工作的基本单位,对幼儿的发展具有直接的影响。中国发展研究基金会发布的《中国西部学前教育发展情况报告》指出,西部农村幼儿园存在师幼比超标、基本设备与卫生条件有限、游戏材料不足、作息制度小学化、教师缺口大且专业水平低等问题,以上要素都会直接影响乡村幼儿园的学前教育质量,因此认识幼儿园班级管理中的各个要素,有利于推进幼儿园班级管理的有效开展。乡村幼儿园受到一定的经济社会文化条件制约,在班级管理的要素上与普通幼儿园既存在共性的规律,也存在特殊之处。本节将介绍乡村幼儿园班级管理中的关键要素。

一、乡村幼儿园班级管理的含义

班级是为了实现一定的教育目标,由人设计的具有强制性质的集体。幼儿园以班级作为开展保教工作的基本组织形式,幼儿园班级通过有目的、有计划、有组织地开展多种形式的教育活动发挥其生活、教育和社会功能,以促进幼儿的健康成长。[①]乡村幼儿园班级是乡村幼儿园的基层组织,也是乡村幼儿园实施保教任务的基本单位。[②]

乡村幼儿园班级一般按照年龄作为划分标准,分为小、中、大三个年龄班,一些幼儿园也将托班纳入其中,部分乡村幼儿园由于客观条件的限制或者办园理念的指引,也采用混龄编班的方式。

幼儿园班级管理是指班级教师通过计划、组织、实施、调整等环节,充分利用班级中的人、财、物、时间、空间、信息等资源,从而优质高效地实现管理目标——促进幼儿全面发展、为家长服务。乡村幼儿园班级管理是乡村幼儿园有效教育的重要成分,乡村幼儿园班级管理的质量,直接影响幼儿的学习与发展,是提升学前教育质量的重要因素。

二、乡村幼儿园班级管理中的要素

幼儿园班级作为一个集体组织,以一定的人员构成和物质条件作为基本要素。乡村幼儿园的班级也具备相应共性特征,其基本要素包括人员和物质条件两个方面,因此在乡村幼儿园的班级管理中,人员和物质条件成为两大管理要素。

(一)人员

幼儿园班级管理中的人员主要涉及:保教人员(即教师、保育员)、幼儿和家长。

1. 教师

乡村教师是发展更加公平更有质量乡村教育的基础支撑,是推进乡村振兴、建设社会主义现代化强国、实现中华民族伟大复兴的重要力量。乡村幼儿保教人员是乡村学前教育的主要实施者,也是促进乡村学前教育质量提升的主要力量。

在乡村幼儿园班级管理中,主要由乡村幼儿教师和保育员共同完成班级工作,二者密切配合、通力合作,同时承担着对幼儿实施科学的保育和教育的任务。《幼儿园教育指导纲要(试行)》中强调幼儿园教育以游戏为基本活动,保教并重,可见,教育与保育两者是密不可分的关系,保教合一即"保中有教、教中有保",因此从班级工作的具

---

① 左志宏.幼儿园班级管理[M].上海:华东师范大学出版社,2015.
② 梁慧娟.农村幼儿园管理[M].北京:教育科学出版社,2015.

体职责上看,虽然教师和保育员存在一定的差别,但是从根本上来说两者的工作需要相互配合、紧密合作,教师需要承担对幼儿保育的责任,保育员同样也会在一日生活中对幼儿施加教育影响,因此两者不可割裂来看。

乡村幼儿园教师是指在乡村幼儿园履行幼儿园教育工作职责的专业人员,从幼儿园教育质量的角度来看,师幼互动被认为是过程性质量的核心因素,因此提升乡村幼儿园教师的质量成为提升乡村幼儿园保教质量的关键。

《幼儿园工作规程》中对幼儿教师的职责进行了明确规定,结合乡村教师的自身特点,我们梳理出乡村幼儿园教师主要具有以下职责:

(1)关爱幼儿,尊重幼儿人格,坚持正面教育,平等对待每一位幼儿,对留守儿童等家庭情况特殊的儿童多加关爱;

(2)观察了解幼儿,依据国家规定的幼儿园课程标准,从健康、社会、语言、科学、艺术五大领域入手,结合本班幼儿的具体情况和本土化的优势教育资源,制订和执行教育工作计划,完成教育任务;

(3)建立完善并严格执行幼儿园安全、卫生保健制度,指导并配合保育员管理本班幼儿生活,做好常规保育和安全卫生工作,在人员配备不足的情况下,教师须兼任保育员完成卫生保健工作;

(4)与家长保持经常联系,了解幼儿家庭的教育环境,商讨符合幼儿特点的教育措施,宣传科学保教的知识与方法,共同配合完成教育任务;

(5)与保育员共同管理好幼儿物品及班级财产,保证幼儿活动环境安全、卫生、整洁;

(6)响应国家教师培养相关政策的号召,参加业务学习和幼儿教育研究活动;

(7)定期向园长汇报,接受其检查和指导,不断改进工作方法,提高教育教学质量。

《幼儿园教育指导纲要(试行)》中指出,教师应成为幼儿学习活动的支持者、合作者、引导者。虞永平提出幼儿园教师的角色主要有5种:生活照顾者、行为观察者、课程建构者、活动整合者和资源整合者。[1]乡村幼儿园教师需要认识到,首先,由于儿童的身心发展特点以及各种风险容易对儿童产生负面影响,幼儿园需将保育与教育相结合,因此教师的首要职责是做好儿童的生活照顾,为儿童创设安全健康的发展环境;其次,教师需要对儿童在一日活动中的行为和表现进行个别化地观察,把握幼儿的现有发展水平并提供适当的支持以促进幼儿个性化的发展,这与完全面向集体、整齐划一的"教学"有本质区别,需要教师在长期的学习、实践和反思中积累提升;再次,

---

[1]虞永平,王春燕.学前教育学[M].北京:高等教育出版社,2012.

由于国家针对幼儿园没有统一的教材,因此教师具有较强的自主性,可以结合当地乡村的实际情况和乡村现有及优势的资源,为幼儿设计出符合幼儿兴趣、充分发挥当地资源的、能够促进幼儿经验提升的本土化课程,成为课程的建构者;又次,由于幼儿在获取经验方面具有零散性,缺乏组织性和系统性,因此给孩子自主和自由的教育绝不是教师无所作为地任其自由发展,教师需要注重创设良好的环境,提供丰富适宜的材料,在观察分析的基础上指导幼儿,促使幼儿在"最近发展区"上获得真正的发展;最后,《幼儿园工作规程》中指出"幼儿园应当主动与幼儿家庭沟通合作,为家长提供科学育儿宣传指导,帮助家长创设良好的家庭教育环境,共同负担教育幼儿的任务",因此面对育儿观念仍比较落后、养育方法有悖幼儿身心发展特点、对幼儿成长持有"望子成龙"高期待的乡村幼儿家长,乡村幼儿教师有责任向家长提出科学的保教建议,挖掘家长自身潜在的教育资源,争取得到家庭教育的支持,与家庭、社区、小学等紧密联系合作,共同为幼儿的发展创造良好的条件。

教育部发布的《幼儿园教师专业标准(试行)》从师德与专业态度、教育教学实践能力、反思与自主专业发展的能力等方面明确了对幼儿园教师专业基本素质的要求,强调了幼儿园教师专业化的发展对提升学前教育质量的重要意义。

为落实党中央、国务院关于加强乡村教师队伍建设决策部署,"十三五"时期中央财政共安排700亿元,支持和引导地方加强乡村教师队伍建设,提升教育教学质量。2020年教育部等六部门发布《关于加强新时代乡村教师队伍建设的意见》,提出要紧紧抓住乡村教师队伍建设的突出问题,促进城乡一体、加强区域协同,定向发力、精准施策,破瓶颈、强弱项,大力推进乡村教师队伍建设高效率改革和高质量发展。

随着国家政策对弱势地区学前教育的扶持,大量的乡村幼儿园如雨后春笋般应运而生,但是与日益受到重视的乡村学前教育事业的发展需求相比,乡村幼儿园教师队伍也存在保教人员数量不足、素质能力有待提升、专业水平仍显不足、工作职责不清晰等问题。乡村幼儿园教师一方面需要明确自己的专业角色,即以科学的方式对幼儿施以积极的影响,以符合幼儿身心发展规律的方式引导其成长,把握好航向,坚决杜绝"小学化"倾向;另一方面要不断地提升自己的专业能力,不断在学习、实践、反思中提升自身的专业素质,在完成基本保教工作的基础上,探索本土化、适宜化的优质学前教育发展路径,从而为学前教育质量的提升和幼儿毕生的健康发展打下良好的基础。

2.保育员

在部分乡村幼儿园中,保育员和教师的工作往往被割裂开来,人们认为保育员主要就是负责打扫卫生、照料幼儿生活、管理班级物品,"教育"就是教师的事情,这样的观点体现出人们对"保教合一"的理解仍有误区。

《幼儿园工作规程》明确了保育员的工作职责,体现了对保育员专业性和教育角色的认可,结合乡村幼儿园的具体情况,我们做出以下梳理:

(1)负责本班房舍、设备、环境的清洁卫生工作;

(2)在教师指导下,管理幼儿生活,并配合本班教师组织教育活动,在一日生活中对幼儿施加教育影响;

(3)在卫生保健人员和本班教师指导下,严格执行幼儿园安全、卫生保健制度;

(4)妥善保管幼儿衣物和本班的设备、用具。

乡村幼儿园的保育员是班级的重要人员构成,也作为一种影响幼儿成长的心理环境而存在,其一言一行都对幼儿的生理心理卫生保健工作产生着影响。在一些乡村地区,教师往往兼职保育员的工作,即便是有专职保育员,也不能狭隘地理解为保育员只是负责孩子的"吃喝拉撒",要认识到一日生活中蕴含的大量教育契机,须在对幼儿进行生活照顾的同时培养幼儿良好的生活习惯和能力,给予幼儿积极的心理保育,让教育的智慧在点滴的保育工作中闪耀光芒。

案例1-1

保育员也是老师

葱葱一点都不喜欢吃蔬菜,葱葱的父母可着急了。有一天,葱葱妈妈送她上幼儿园的时候,看到幼儿园公示的菜谱,中午吃黄瓜炒鸡蛋,葱葱妈妈就和老师交代要是孩子不吃就别让她吃黄瓜了。中午到了,老师看到葱葱的桌面上都是黄瓜片,她还在用筷子把碗里的黄瓜一点点夹出来。这时保育员对葱葱说:"葱葱,你知道吗?黄瓜也会唱歌呢!"葱葱抬起头一脸疑惑地看着保育员,保育员接着说:"不信,你把黄瓜放到嘴巴里面嚼嚼看,看看会有什么声音?"于是葱葱夹起一块黄瓜放到了嘴里嚼起来,果真发出了清脆的响声,葱葱惊喜地说:"黄瓜真的会唱歌!"保育员说:"葱葱真能干,能让小黄瓜唱歌啦!"于是没过一会,葱葱就把碗里的黄瓜吃完了。事后保育员还建议班级老师,把这件事情和葱葱的妈妈沟通,提出父母在家里应对葱葱不吃蔬菜的方法。

分析

案例中的保育员,基于对儿童形象化思维的理解,和幼儿沟通时运用拟人化的语言"黄瓜会唱歌",以充满童趣的方式引导挑食的幼儿吃蔬菜,充分地体现了"保中有教""保教合一"的理念。同时,这位保育员有意识地与家长沟通幼儿在园的表现,在幼儿的饮食习惯培养方面达成对家长的建议和指导,有效地推进了"家园共育"。

为了推进幼儿园一日生活的顺利开展,班级教师及保育员之间需要进行明确的分工协作,借鉴福建幼儿师范高等专科学校附属幼儿园的一日生活常规,结合乡村幼儿园的特点,我们整理了实操性较强的一日生活流程教师协作表(见表1-1),乡村幼儿园可结合具体的教育条件进行参考。

表1-1 ◆ 乡村幼儿园一日生活流程教师协作表[1]

活动 \ 工作要求 \ 人员	教师	保育员
晨间活动	◆热情地迎接幼儿和家长 ◆观察并关注幼儿的情绪和面色等,对幼儿进行晨检,检查幼儿身上是否有危险物品 ◆指导幼儿摆放个人物品 ◆提前做好晨间活动的材料准备 ◆引导幼儿参加晨间活动,并有针对性地进行个别化指导 ◆做好幼儿健康状况、点名等记录工作	◆开窗通风,做好活动室内外清洁、安全检查以及幼儿毛巾、餐具等的消毒工作 ◆协助教师接待家长和幼儿 ◆协助指导幼儿有序地摆放物品

---

[1] 福建幼儿师范高等专科学校.幼儿园管理实用手册[M].福州:福建教育出版社,2016.

续表

活动	工作要求 人员	教师	保育员
户外活动		◆保证幼儿每日2小时的户外活动时间,活动形式可丰富,户外体育活动保证1小时 ◆引导幼儿掌握基本的自我保护方法,培养幼儿的安全和规则意识,做好幼儿活动安全监护,及时处理户外活动中的意外事件 ◆观察幼儿在活动中的情况,鼓励幼儿克服困难,培养幼儿坚持、勇敢、合作等品质 ◆组织幼儿进行合理科学的早操锻炼,领操时动作规范精神饱满 ◆有序组织、指导幼儿体育游戏,可以视幼儿的年龄特征选择或改编当地的民间体育游戏,以适应幼儿的体育锻炼	◆协助教师做好幼儿活动前的准备(服装调整、材料投放、场地布置、安全检查等)和活动后的器械、材料的整理工作 ◆配合教师组织幼儿开展户外活动并协助处理意外事件 ◆提醒幼儿注意安全,关照体弱幼儿,及时引导和帮助幼儿增减衣物,提醒幼儿饮水
户外活动		◆有序组织、指导幼儿运用器械进行体育锻炼,活动内容科学、强度适宜,需注重个性差异,可结合当地资源自制安全的体育游戏器械 ◆根据幼儿情况调整活动量、确保动静交替,不忽略准备和放松活动,提醒幼儿及时增减衣物和饮水 ◆引导幼儿正确使用和有序整理体育器械	
生活活动	饮水	◆设置提供幼儿自主的、安全的饮水环境,引导幼儿自主饮水 ◆引导幼儿在生活活动时间自主饮水,防止烫伤,并学会物归原处,养成饮水的好习惯	◆为幼儿提供清洁卫生、温度适宜、充足的饮用水 ◆协助教师指导幼儿有序安全地取水和饮水 ◆提醒有特殊需要的幼儿适量饮水

续表

活动	工作要求\人员	教师	保育员
生活活动	如厕	◆鼓励幼儿自主如厕 ◆指导幼儿做好便后清洁并整理衣裤	◆准备好便于幼儿取用的手纸,指导幼儿正确擦便,便后洗手 ◆帮助有困难的幼儿擦便、整理衣裤 ◆及时为遗尿、遗便的幼儿清洗,更换衣裤 ◆保持盥洗室清洁卫生、干爽、无污垢、无异味
	盥洗	◆指导幼儿正确、有序地盥洗 ◆教育和提醒幼儿节约用水	◆为幼儿准备便于取用的肥皂 ◆协助教师引导幼儿正确、有序盥洗,适时帮助能力弱的幼儿 ◆提醒幼儿不玩水,保持地面、衣服干爽
	餐点	◆餐前组织较为安静的活动,如手指谣、故事讲述等 ◆营造自主愉快的进餐环境,培养幼儿独立进餐能力 ◆巡回关注幼儿的进餐情况适量添加,关注偏食、体弱及有特殊需要的幼儿,鼓励幼儿自己吃完饭菜不浪费粮食 ◆提醒幼儿餐后自主做环境清洁,归类摆放餐具,及时漱口、擦嘴,养成良好的卫生和文明习惯 ◆组织幼儿开展餐后活动,如散步、讲故事等	◆指导值日生做好餐前准备工作 ◆按照食品卫生要求,提供冷热适宜的食物,规范放置和分发餐点 ◆根据幼儿进餐情况,适时适量添加食物,关注个别特殊幼儿 ◆协助教师引导幼儿餐后归类摆放餐具,及时漱口、擦嘴 ◆餐后按要求做好餐具餐巾及桌面的清洁消毒工作,保持活动室整洁

续表

活动	工作要求 人员	教师	保育员
生活活动	午休	◆组织幼儿如厕并进入寝室,通过午检来检查幼儿是否有身体的异样,并保证幼儿不携带细小危险物品进入睡室 ◆指导幼儿自主按顺序脱衣服并整齐摆放 ◆做好特殊情况的记录工作和交接班工作 ◆提醒幼儿起床时按顺序穿衣服,整理仪表 ◆指导幼儿整理床铺	◆午休前放下窗帘,适当开窗,保持室内空气流通、温度适宜 ◆引导幼儿遵守午休规则,观察幼儿午休情况,关注身体不适幼儿,发现异常及时报告 ◆耐心帮助入睡困难的幼儿尽快入睡,及时提醒易遗尿的幼儿排尿,帮助幼儿盖好被子 ◆提醒幼儿起床时有序穿衣,整理床铺 ◆做好寝室卫生及消毒工作
集中教育活动		◆做好周、月、学期课程的计划安排,注重内容选择和进度安排的科学适宜性 ◆根据教学计划做好活动准备(经验准备、活动材料、情境创设、场地布置等) ◆运用多样合理的教学和组织形式,支持幼儿主动学习,促进幼儿与教师、同伴有效互动学习 ◆观察了解幼儿的学习情况,在面向全体幼儿的同时,有针对性地进行个别指导 ◆鼓励幼儿积极参加学习活动,培养幼儿良好的学习品质[(1)学习态度:①有好奇心和学习兴趣;②做事积极主动;③乐于想象和创造。(2)学习行为与习惯:①做事专注;②有一定的坚持性和责任感;③有一定的计划性;④能思考自己做过的事并从经验中学习]	◆协助教师做好活动前后的准备及整理工作,保持活动环境整洁 ◆协助教师指导和帮助个别幼儿 ◆配合教师处理活动中出现的偶发事件

续表

活动 \ 工作要求 \ 人员	教师	保育员
区域活动	◆合理规划活动区域（区域的设置可以根据幼儿园的现有条件来调整） ◆围绕目标提供适宜的操作材料，可以根据当地资源自制，注意材料的安全性、操作性、层次性、趣味性等，并根据幼儿的活动情况及时调整和更换 ◆鼓励幼儿自主选择活动内容，关注幼儿的学习品质，引导幼儿遵守活动规则 ◆观察了解幼儿的活动过程，及时进行有针对性的指导 ◆引导幼儿有序取放和整理活动材料 ◆活动后根据需要组织幼儿总结和回顾，提升幼儿的经验	◆保证活动材料安全、卫生 ◆协助教师指导和帮助幼儿开展活动 ◆协助整理区域环境及活动材料
游戏活动	◆合理安排游戏场地（可根据情况设置在户外或者自然环境中），提供适宜丰富、能满足幼儿游戏需要的材料（可以自制或者选择当地丰富、具有特色的材料），并根据幼儿游戏的情况及时调整和更换 ◆尊重幼儿游戏意愿，鼓励幼儿自主游戏，大胆想象、创造，与同伴协商、合作游戏，分享经验 ◆观察了解幼儿游戏情况，分析幼儿游戏行为，支持和推进幼儿游戏的开展	◆做好游戏材料的消毒工作，保证游戏材料安全、卫生 ◆协助教师做好游戏材料投放、场地设置等准备工作，以角色身份参与幼儿的游戏 ◆协助整理游戏环境及游戏材料
离园活动	◆组织幼儿回顾一日活动主要内容，安排交流分享、欣赏故事等安静活动 ◆指导幼儿整理仪表，提醒幼儿带好物品，有礼貌地与教师、同伴道别 ◆热情接待家长，与家长进行简短沟通	

续表

工作要求　　人员　活动	教师	保育员
离园活动	◆遇到非委托人接幼儿,及时与家长取得联系,待确认后方能让其接走幼儿 ◆将个别留园幼儿送交值班人员,并做好交接班记录 ◆整理活动室,关好门窗、水电	◆协助教师做好幼儿仪表、物品整理等离园前准备工作

3.幼儿

幼儿是幼儿园教育的对象,是班级的主体,是幼儿园班级管理的任务中心。学龄前儿童身心发展具有鲜明的特点,如在身体各部分生理机能快速发展的同时,大脑和神经也在飞速发展,4~5岁的幼儿脑重已为成人脑重的90%。同时,由于幼儿心理发展处于特殊时期,幼儿也经常表现出好奇好问、活泼好动、爱模仿、思维具体形象、认为"万物有灵"、受情绪影响大等特点,幼儿园保教工作的开展需要符合幼儿的身心发展规律。

(1)现状问题。

由于特殊的经济社会文化原因,从幼儿的视角来看,乡村幼儿园的班级管理工作中仍存在一些问题[1],有悖幼儿健康适宜发展的目标,如:

①注重知识技能的传授,"小学化"倾向严重。

受到乡村幼儿园师资专业化水平有限、家长在育儿中过高的功利化期待、社会环境重"知能"轻"情感"的理念等因素影响,"小学化"问题在乡村幼儿园教育中尤其突出。

这种偏重知识技能的"小学化"学习,以教师讲授、幼儿被动接受的"填鸭式"教学为主,过早强调儿童对知识的记背和读写算技能的掌握,在高结构化的集体教学中,忽视了幼儿情绪情感社会性的发展,忽视游戏在幼儿学习中的重要价值和基本方式,压制了幼儿的自主性、主动性与创造性,剥夺了幼儿自由游戏、主动思考、自主探索的机会,这与《3—6岁儿童学习与发展指南》中提出的关于"幼儿学习与发展的整体性""尊重幼儿发展的个体差异""幼儿做中学、玩中学、生活中学的方式特点""关注幼儿学习品质"的原则背道而驰,牺牲幼儿整体性、长远性、可持续性的发展,是本末倒置的做法。

---

[1] 孙爱琴,赵静.质量视阈中乡村幼儿园"小学化"的话语分析与变革路径[J].西北成人教育学院学报,2019(2):96-100,106.

②"城市化"倾向的幼儿园课程内容脱离幼儿经验①。

由于乡村幼儿园课程的生发能力欠缺,不少乡村幼儿园选择的教材带有明显的"城市化"倾向,这些课程内容多是根植于城市生活背景下的幼儿经验体现,严重地脱离了乡村幼儿的生活经验。这样一来,一方面,城市化的幼儿园课程内容"水土不服",幼儿难以在脱离生活经验的学习中获得长足的发展;另一方面,乡村幼儿园也错失挖掘、整合本土化课程资源的机会,遗失了具有丰富教育内涵和价值的、又根植于幼儿真实生活经验的活教材("大自然"和"大社会"),实属遗憾。

③师幼关系仍表现为以利用、控制为主的不平等关系。

由于乡村幼儿园的师资数量不足、园舍条件局限等原因,乡村幼儿园班级存在班额过大、师幼比不足、混龄编班的特点。同时由于乡村学前教育发展受限,科学保教观念普及不足,传统教育观念根深蒂固等,很大程度上,幼儿园教师的角色仍被认为是知识的权威,是幼儿的指导者和控制者。在"小学化"的学科教育背景下,教师指导和控制幼儿的学习方向,知识的掌握与否成为评价教学的直接指标。幼儿的"一百种语言"无法被听到,幼儿的游戏需求无法被看到,幼儿的兴趣和需要、权利与自由都被具有话语主导权的教师所牵引着,这样的师幼关系是不平等、不民主的。

(2)从幼儿出发的班级管理工作要点。

"一切为了孩子",为了符合幼儿的身心发展规律,提升乡村幼儿园的保教质量,在乡村幼儿园开展班级管理工作时应注意以下要点:

①丰富教育活动内容,兼顾集体化与个性化。

在"小学化"单一的集体教学方式之外,乡村幼儿园教师应丰富在园开展的教育活动内容,如学前领域教育活动、学前主题教育活动、学前区域教育活动等。

在设计五大领域的教育活动时,教师可以面向全体幼儿为主的集中教育活动和贯穿于常规生活中的教育活动相结合的方式,在活动中既要注意体现出该领域的核心经验,也要注重各领域之间内容的相互渗透。

在设计学前主题教育活动时,主题的确立须来自幼儿的兴趣,将能够凸显主题特征的、与主题紧密相关的、符合幼儿身心特点的、体现当地特色资源的内容自然有机地整合,以集体讨论与小组探究的方式结合开展,如云南省昆明市东川区具有"红土地"这样的天然资源,围绕"泥土"主题展开活动时,当地的幼儿教师就可以从幼儿的兴趣出发,从艺术、科学、语言等领域入手设计"好玩有趣的泥土""炫彩的泥土""土里种什么""美丽的红土地"等活动,引导幼儿分组确定问题并进行深度的探究学习,既贴近幼儿的生活经验,又充分地利用了当地的自然资源,促进了幼儿全面的经验提升和能力发展。

在设计学前区域教育活动时,教师可以选择投放有安全性、有可玩性、有层次性的,种类丰富、数量充足、玩法多样、具有当地特色的原生态材料,如木块、石磨、麦穗、扎染布等,供幼儿进行个别化的操作,教师须注重区域活动与课程紧密结合,既满足幼儿在玩中学的游戏需要,又能满足幼儿个别化的发展需要,既充分利用了当地的现有资源,又完成了民族本土文化对幼儿的熏陶与传承,可谓是一举多得。

②多管齐下,践行"去小学化"的信念。

面对乡村幼儿园屡禁不止的"小学化"现象,乡村幼儿园教师可以尝试:

一方面,教师首先应从观念上明确"游戏是幼儿园的基本活动",其次在开展游戏过程中不断地提升专业化水平,在观察解读幼儿游戏行为的基础上,推进引导幼儿进一步地主动探究,而非"放任自流"地"一味放手"。

一方面,教师也需要从日常的保教工作着手,从充足的心理准备、良好的生活习惯、良好的规则意识、较强的自理能力、积极的学习能力、浓厚的学习兴趣等方面对幼儿进行培养,在游戏和日常活动中引导幼儿积累大量的直接感性经验,根据《3—6岁儿童学习与发展指南》的精神培养幼儿在五大领域中的核心能力,全方位地帮助幼儿为小学的学习和生活打好基础。

另一方面,家长对学业成就的过分追求也是乡村地区"小学化"屡禁不止的主要原因,因此从班级教师的角度来讲,需要加强与班级家长的沟通,引导家长们形成正确的教育观,可以通过家长会、家长开放日等创新的宣传方式,让科学保教理念真正打动家长、影响家长。

③身心并重,注重幼儿的身体发展与心理保育。

不少乡村幼儿园由于运动场地器械等条件落后,幼儿运动机会缺乏,因此在一项对湖南17个县、市逾千名37~48个月龄的幼儿进行心理发展水平普查时发现,农村幼儿不仅在言语、思维、记忆、社会化等方面显著低于城市幼儿的发展水平,运动能力的发展水平也远低于城市幼儿。[1]本身来讲,乡村幼儿比起城市幼儿拥有更广阔的田园可以运动,可是由于乡村天然的优势资源被遗忘,原本可以雀跃于田间山头的"百灵鸟"们却只能困在由黑板课桌围成的牢笼里,因此重新审视并珍视乡村学前教育资源,关注幼儿的身体发展,是乡村教师们需要考虑的问题。

---

[1] 周念丽.图说幼教[M].上海:复旦大学出版社,2018.

近年来，随着我国工业化、城镇化深入发展，留守儿童数量增多，有的与父母长期分离，在亲情关怀、生活照顾、家庭教育和安全保护等方面面临一些突出问题，有学者针对湖南留守儿童较集中的地区研究提出，目前乡村幼儿园管理者和教师普遍存在对心理健康教育不重视、针对性不强，教育方法陈旧、缺乏心理健康教育知识和技能等问题。①因此，加强对幼儿，尤其是留守儿童的心理保育非常迫切且必要。

④转变儿童观，建立良好的师幼关系。

优质的师幼关系核心是以尊重、对话为基本特征的"我与你"的关系，其基本特征主要包括平等性、助长性、民主性、对话性和互动性②。对于长期和父母分隔两地的乡村留守儿童来说，积极的师幼关系往往能给予幼儿更多的支持，以弥补家庭关爱的缺失，这就要求乡村教师真正地尊重幼儿的兴趣和需要，在平等的基础上从各方面支持与促进幼儿的成长，注意倾听幼儿的"心声"，处理好自由与规则之间的关系，而师幼关系的根本转变，才是提高幼儿园教育质量的关系。

积极、肯定、良好的师幼关系的建立，实质上是幼儿园教师有威信的一种反映，幼儿教师的威信是在师幼互动中逐步建立起来的。在管理大班额的幼儿时，人数多、幼儿个性突出、班级常规难以建立等都让乡村教师在建立良好的师幼关系上常常显得心有余而力不足，其实一旦在幼儿心中树立了威信，幼儿就会更容易接纳和亲近老师，更容易受到老师的影响，也会更加积极主动地投入活动中，另外家长也会更容易理解和支持有威信的教师。因此乡村教师在尝试建立威信时不妨试试：

①强化积极，淡化消极。多鼓励表扬，少批评指责，多正面引导，少反面否定，在告诉幼儿"不要……"的消极行为时还应该引导幼儿"可以……"的积极行为，帮助幼儿明确规则和边界，经常选择机会肯定幼儿的积极行为。

②处事公正，平等对待。处理事情注意公正平等，对事不对人，不偏爱也不偏信，善于发现幼儿的优点并从优点开始逐步改善其缺点。

③民主协商，人人平等。在制定规则的同时告诉幼儿规则背后的原因，鼓励幼儿参与班级规则的制定。

④诚实守信，童叟无欺。做人做事实事求是，坦白无虚假，言出必行，不哄骗幼儿也不随意允诺。③

---

②姚师淘.乡村幼儿园留守儿童心理健康教育的困境与出路[J].岳阳职业技术学院学报,2018,33(6):6-9.
③虞永平,王春燕.学前教育学[M].北京:高等教育出版社,2012.
①左志宏.幼儿园班级管理[M].上海:华东师范大学出版社,2015.
②上海市中小学(幼儿园)课程教材改革委员会办公室.幼儿园教师成长手册[M].上海:华东师范大学出版社,2009.

案例1-2

帮助教师建立良好师幼关系的小技巧[2]

◆在行动上适当地使幼儿感觉到老师的爱,比如不要一开始就和对你不熟悉的孩子表现得太过于亲昵,如搂抱、亲吻等,在孩子有需求的时候敏感回应会更好。

◆针对幼儿的不同个性进行不同的引导,如对退缩性的孩子采用坚持不懈却又自然相处的方式,创设出有弹性的、宽松的交往氛围,敞开怀抱积极等待;对积极主动的孩子,可以在赞赏的同时提出一些行为的要求,帮助孩子行为习惯的养成;对有一些行为问题的孩子,可以先从生理、家庭教养、班级环境等层面寻找原因,再选择干预的方式;对于你偏爱的孩子,因为孩子的内心很敏感,所以要把喜欢放在心中,避免在集体中表现出来,让孩子觉得你爱他们每一个人。

◆当孩子处于负面情绪中时,如任性、发脾气或故意与你对抗、试图激怒你时,可以先平静自己的情绪,询问一下原因或者暂时冷处理,给孩子一个冷静的空间,然后再探明他行为背后真正的需求,教会孩子正确的表达方式并满足他合理的需求。

◆批评孩子时,要告诉孩子他行为具体哪里不适当,也要告诉孩子为什么要改正行为以及改正以后带来的积极影响,尽量使用积极正面的语言,避免"讽刺式"或"贴标签"的语言。

◆每提出一个班级的常规要求都要深思熟虑,不能信口开河,还要督促每个孩子遵守。当然,也可以让幼儿参与班级规则的讨论和制定,并学会共同捍卫班级的规则,促使幼儿逐步从他律走向自律。总之,教师"坚持和守信"是一个班级建立必要规则的基础。

分析

以上的方法技巧能够给新手教师或者在尝试与幼儿建立师幼关系方面遇到困难的教师提供借鉴和启发。在与幼儿相处的过程中,真心就能换真心,用心、真诚地将幼儿视作与教师同样平等的个体,良好的师幼关系建立就是水到渠成的结果。

4. 家长

《幼儿园教育指导纲要(试行)》中指出,"家庭是幼儿园重要的合作伙伴。应本着尊重、平等、合作的原则,争取家长的理解、支持和主动参与,并积极支持、帮助家长提高教育能力。"家园合作的重要价值,能够凝聚家园的合力,共同促进幼儿的发展,因此家长工作也是幼儿园班级管理的重要内容。

在家长工作的开展中,教师须在对班级幼儿情况深入了解的前提下,保持与家长的日常沟通、召开家长会、组织家长开放日等,以增进家长对幼儿园教育以及幼儿发展的了解,以配合幼儿园展开家庭教育。同时,作为乡村幼儿教师还承担着有目的地指导家庭教育的任务,基于家长及幼儿的需求,分析幼儿在家庭成长环境中的有利和不利因素,有针对性地指导家庭教育工作,提出个性化的建议与服务。

由于特定的经济社会文化因素,乡村幼儿的家庭环境有两种特殊情况,即以祖辈隔代教养为主和留守儿童缺失双亲教养,以下就两种家庭情况分开阐述。

(1)祖辈隔代教养。

由于父母双方或者一方到城市打工,或者因父母工作繁忙无暇顾及幼儿养育,因而许多幼儿被父母留在乡村与祖辈一起生活,祖辈隔代教养的现象比较普遍,祖辈家长工作也成为班级的一项重要工作。

乡村的祖辈家长具有文化程度较低、育儿观念较滞后、易出现溺爱包办或放任不管的问题、对幼儿的心理健康疏于关注等特点,在与祖辈家长进行沟通时需要注意:首先,保持尊重礼节,认可祖辈家长在育儿过程中的地位,让他们感受到自己在育儿中付出的价值,这样则更容易获得祖辈家长的信任与支持;其次,针对祖辈家长的特殊情况与需求,教师要找准切入点,"投其所好"地运用积极的方式提出建议,避免一味地批评或者否定;最后,与祖辈家长沟通时,用方法性、建议性的直接指导会让沟通显得更加有效,有助于争取到祖辈家长在家庭教育中的行为支持。

(2)留守幼儿教养。

留守幼儿的主要问题是缺乏亲人陪伴带来的心理问题。长期的单亲监护或隔代监护,甚至是他人监护、无人监护,使留守幼儿无法像其他幼儿那样得到父母的关爱,家长也不能随时了解、把握幼儿的心理、思想变化。这种亲情的缺失容易使幼儿表现出胆小、迟钝、呆板、不与人交往、怀有敌对、破坏等消极的人格特点。长期的亲子分离而失去监控,养护者的冷漠、溺爱、专制等,导致亲子关系不良,这种不良的亲子关系会影响其今后的行为。不少留守幼儿情绪上变得焦虑、悲痛、厌恶、怨恨、忧郁,在性格上变得孤僻自卑、缺乏自信,这些问题会在儿童时期乃至青少年期持续存在并影响以后的生活、学习与社会适应等。[①]

乡村幼儿教师面对留守幼儿时,可以从以下几个方面着手,关注其心理健康发展:①搭建家长与幼儿情感交流的平台。帮助幼儿与父母利用网络资源或者电话联系,给幼儿一种虽然父母不在身边但依然爱自己的安全感。②与留守幼儿建立信任、安全的师幼关系。经常与他们聊天,提醒他有困难就告诉老师,多给予幼儿拥抱或爱抚。③培养留守幼儿积极的自我效能感。教师可以为留守幼儿创设一些自我锻炼和展示的机会,让他们做一些力所能及的事,引导幼儿在成功的体验上逐步建立自信。④在人际交往和社会适应方面给予支持。在幼儿园多关注留守幼儿与同伴交往的情况,教会他们交朋友的方法,帮助他们建立积极的社交情感支持网络,降低幼儿的孤独感和自卑感。

(二)必备物质条件

1.室内条件

(1)玩具。

玩具是儿童游戏的载体,是儿童的"教科书",儿童在操作玩具的过程中感知觉经验得到激发,运动技能得到锻炼,分析推理等认知能力得到拓展,一些低结构的玩具还能够带给幼儿想象和思维发散的空间,有助于幼儿创造力和想象力的发展。

由于玩具对幼儿的游戏和发展具有巨大的价值,1992年国家教委颁布了《幼儿园玩教具配备目录》,规定了幼儿园玩教具配备的主要类别:

①体育类:主要包括室内外大型活动器械和儿童活动用的其他器械,供幼儿练习走、跑、跳、钻、爬、攀登、投掷和平衡。

②构造类:主要包括堆积、接、插、拆、搭、穿、编等造型玩具。

③角色、表演类:主要包括扮演各种角色、模仿动作等所用的器具。

④科学启蒙类:主要包括儿童自己动手操作、演示各种物理现象的用具,观察和饲养用具,玩沙、玩水等用的玩教具。

⑤音乐类:教师教学用的乐器和儿童使用的打击乐器。

⑥美工类:主要包括儿童用于剪、贴、粘、捏、压等的用具。

⑦图书、挂图与卡片类:主要是保证幼儿园完成教育任务的辅助教学材料。

⑧电教类:包括电化教育最基本的软件、硬件。

[①] 刘云艳.幼儿心理健康教育[M].南京:南京师范大学出版社,2014.

⑨劳动工具类：主要是用于让儿童自己动手进行种植、观察、饲养等活动的用具。

乡村幼儿园在条件不满足的情况下，也可以选取一些安全、自然、生活中的本土材料进行自制和替代性投放，尤其是体育类、角色表演类、构造类、科学启蒙类的玩具，这样既充分利用了现有资源，也满足了儿童的游戏需求。如可以利用废旧轮胎作为幼儿的体育玩具，可以利用木块、废旧纸盒、瓶子等作为幼儿的构造类玩具。同时还应当充分挖掘现有低结构材料"一物多玩"的功用，丰富材料的功能，拓展幼儿以材料为媒介的多元化游戏体验。

在投放玩具材料时应当注意玩具的收纳应该分类整理，并向幼儿开放于可取用之处，选择和投放材料时需要严格把好安全和卫生关，注意培养幼儿爱护玩具、收拾整理的好习惯。

(2)图书。

有条件的班级应当尽量为幼儿投放适宜数量的、适宜幼儿阅读的图画书，教室内可设置摆放和供幼儿阅读的图书区，教师可在一日生活中安排特定时间进行集体阅读，与幼儿个别化的自主阅读相结合，以激发幼儿的阅读兴趣，丰富幼儿的认知经验，培养幼儿良好的阅读习惯。

(3)家具及生活用品。

有条件的班级应当为幼儿配备桌椅，保证一人一椅，考虑到幼儿的年龄特征，桌椅的摆放不宜类似小学，而应当提供适宜幼儿坐姿的椅子，以小组式的方式安排座位以增加同伴间的互动与交往。教室内有条件的情况下，可以为幼儿设置专门的玩具柜和绘本书架，方便幼儿自主地取用和收放玩具图书。另外，为促进幼儿正常的身体发育，幼儿园应当设置午睡环节，保证幼儿每日充足的午睡时间2小时，因此需为幼儿提供适宜幼儿身长尺寸的床，保证一人一床。

为了保证幼儿在园健康的生活环境，活动室内应当配备基本的卫生生活设施，如饮水、洗手、如厕的设施，水杯架、毛巾架，以及有清晰标识的、幼儿个人专用的、方便幼儿取放的口杯和毛巾，供幼儿进餐的餐具也要符合安全不易碎、便于及时清洗消毒的特点。为了便于清洁活动室，需配备相关的卫生工具和消毒的器材，如紫外线灯、消毒柜等。

2.室外条件

《幼儿园工作规程》规定："幼儿园应当有与其规模相适应的户外活动场地，配备必要的游戏和体育活动设施，创造条件开辟沙地、水池和种植园地等，并根据幼儿活动的需要绿化、美化园地。"

乡村幼儿园可以视自身的条件,一般要为幼儿提供足够的活动场地和相应的户外活动器材器械,利用乡村得天独厚的自然优势,将种植与饲养、沙地与水池、山坡与草地等丰富的户外环境资源整合至幼儿园的户外环境创设中,如将果园、鸡舍、磨坊等具有乡村特色的环境纳入幼儿园户外环境中,为幼儿创设安全自然的、可以支持幼儿运动及游戏的发展环境。

第二节 乡村幼儿园班级管理中的内容

乡村幼儿园班级管理涉及幼儿一日生活的方方面面,既包含对幼儿生活方面的管理和照顾,也包含对幼儿以多种方式实施教育活动的管理,同时为了促进家园合作以及家园共育的有效推进,针对家长工作的管理也是班级管理的重要内容,本节将从乡村幼儿园班级管理中的生活管理、教育管理、家长工作管理以及其中存在的问题等几个方面展开阐述。

一、生活管理

(一)一日生活管理

在幼儿园教育中"一日活动皆课程",一日活动的顺利开展需要班级教师进行详细的规划,明确在一日活动中对幼儿的常规要求,教师也需要在计划的基础上时时观察并及时调整一日生活中的教育策略,以培养幼儿良好的生活习惯。

首先教师需结合幼儿园具体的情况,为幼儿科学合理地设计一日作息安排,以帮助幼儿形成稳定的、健康的生活作息。需特别注意的是,一日作息表安排出来后,班级可根据当地的季节变化和幼儿的实际活动情况作出适当调整,为了解决户外场地不足的问题,不同年龄段的户外活动可以错峰安排,另外为了避免离园时段大量家长进入产生安全隐患,也可以采取分时段接送的方式安排时间。后面章节中会提供幼儿园的一日生活作息表以供参考。

在明确了一日生活的安排后,班主任可根据各个板块的活动对幼儿的常规培养要点、安全注意事项及班级教师的配合情况,对班级保教人员提出明确具体的要求,并在实际的工作中互相配合,明确各自的职责,在保证幼儿安全的前提下,注重对幼儿的生活护理,培养幼儿良好的生活习惯。

在进行生活照顾时,教师可以根据天气、幼儿体质的差异和户外体育活动前后的幼儿表现等情况,及时让幼儿增减衣服,避免幼儿着凉或受热。按时开饭,保证幼儿进餐的时间和进食量。指导幼儿文明进餐,餐前、餐后不做剧烈运动。保证幼儿有充足的睡眠。保证幼儿的饮水量,除了安排饮水时间,更要强调让幼儿随渴随喝。允许幼儿随时如厕,注意培养幼儿在清洁活动中的自理能力。提醒和帮助幼儿擦鼻涕、梳头、剪指甲等[1]。更详细的工作要点可参考本章第一节的内容(见表1-1)。

需要注意的是,幼儿的生活常规并非"一朝一夕"培养成的,而是通过反复、渗透于一日生活中的教育逐渐形成的。乡村教师在面对幼儿时切不可以强硬命令的方式提出要求,要注意以积极的方式提出要求,可以运用环境的内隐因素引导幼儿,也可以使用一些形象生动的儿歌或童谣来帮助幼儿理解、记忆常规要求,当然也可鼓励中大班的幼儿(在混龄班中可以鼓励年龄稍长的幼儿)参与班级常规的制定,以体验化的方式帮助幼儿理解常规背后的原因,循序渐进地建立班级良好的一日生活常规。

(二)卫生保健管理

《幼儿园工作规程》第四章就幼儿园的卫生保健提出了具体明确的要求,乡村幼儿园应当根据"规程"的精神和要求,从晨检、午检、服药登记、卫生消毒及隔离、体格锻炼、疾病预防、健康教育和检查、五官保健、营养膳食、饮食卫生、因病缺勤幼儿追查与登记、传染病管理等方面制定本园的卫生保健管理制度,班级则需严格依照和遵守相应的制度要求,以保障幼儿的生命安全及身体健康。

班级保教人员须每日坚持对幼儿进行晨间检查和全面观察,通常要做到"一摸、二看、三问、四查"。"一摸"指摸摸幼儿的额头,看有无发热;"二看"指看咽部、皮肤和精神情绪状态;"三问"指了解幼儿的饮食、睡眠和大小便的状况;"四查"指检查有无危险物品,发现问题及时处理。教师可以制作晨检卡,用以记录检查的结果,以便做到全面观察、个别照顾。教师在了解班级每名幼儿生长发育情况的基础上,对幼儿身

---

[1] 梁慧娟.农村幼儿园管理[M].北京:教育科学出版社,2015.

体健康状况做出正确判断,在一日生活中给予相应的照顾。①

(三)幼儿身体锻炼

《幼儿园教育指导纲要(试行)》中明确,"保护幼儿的生命和促进幼儿的健康"是幼儿园的首要任务,6岁前幼儿的身体器官、系统功能正处于快速发展的阶段,体育活动能够帮助幼儿养成站、坐、走的正确姿势,训练幼儿的体态,增强幼儿的身体适应能力和抵抗力,发展基本的动作及平衡协调性,发展身体的力量和耐力,帮助幼儿形成积极向上的心理状态和勇敢坚强的意志品质等,因此幼儿园需创造有利于幼儿生长发育的环境,鼓励幼儿积极地参与到体育锻炼中,促进其身心的健康发展。

乡村幼儿园的体育活动可以从以下几个方面开展:

1.基本动作练习

幼儿需发展的基本动作有走、跑、跳、投掷、钻爬、攀登和平衡等动作,班级教师需根据幼儿的年龄发展特点,参照《3—6岁儿童学习与发展指南》的相关要求,有目的、有计划地设计并组织体育活动,发展幼儿的基本动作技能。如为了发展幼儿的投掷能力,教师可以自制沙包,并组织幼儿在"打败大灰狼"的游戏中,学习并掌握投掷的动作技能,发展幼儿的上肢及腰背的力量。

2.基本体操练习

幼儿体操动作的练习可以有效地促进其机体协调发展,促进幼儿姿态、柔韧、力量、平衡、时空知觉和音乐节奏感的发展,同时体操练习形式简单、容易掌握,在乡村幼儿园中利于组织。教师可以根据幼儿的年龄特点,编排具有童趣的、节奏适中、动作伸展的、配有音乐的幼儿体操,比如模仿操、韵律操、武术操和器械操等,并安排固定的时间组织幼儿跟随教师做体操。②针对年龄稍长的中大班幼儿,可以在体操的编排中加入队列和队形的变化练习,以提升幼儿空间方位、动作协调性、思维注意等能力。

3.幼儿体育游戏

幼儿体育游戏不仅能使幼儿获得积极的情绪体验,增强幼儿的社会交往和规则感,还能发展幼儿的身体素质和活动能力。乡村幼儿园受活动场地和器械的限制,可经常组织对场地和器械要求不高的体育游戏,将一定的情节、角色、规则和竞争性融入其中,如跳房子、老狼老狼几点钟、老鹰捉小鸡、丢手绢等游戏,既容易获得幼儿的

---

②梁慧娟.农村幼儿园管理[M].北京:教育科学出版社,2015.
①汪娟,邱华翔.幼儿健康教育与活动指导[M].北京:首都师范大学出版社,2019.

喜爱,也有助于幼儿达成一定的锻炼效果;再如跳草绳游戏,同样一根草绳,可以边念儿歌边跳成各种花样,当参与人数变化时,玩法也有变化——三人及以上可以两人牵绳,其他人跳;一人两人则可以用椅子"牵"绳,人跳;三人以上可以跳大绳,两人则可以跳小绳。[1]灵活多样的玩法,协作竞争的趣味,都让体育游戏对幼儿来说极具吸引力。

同时,还可以结合当地的民俗特色,挖掘民间体育游戏的资源,组织幼儿进行有文化传承性的体育游戏,如能歌善舞的佤族喜爱的竹竿舞,位于佤族聚居区的乡村幼儿在学跳竹竿舞时,既发展了身体和思维的灵敏协调性,也体验了本民族的风俗和传统。

4.幼儿运动器械活动

运动器械能够针对性地为幼儿多种运动能力的发展提供支持,如球类、绳类的运动可以锻炼幼儿身体的灵敏、协调和准确性,如摇摆类的秋千可以发展幼儿的动态平衡能力,再如攀登架等中大型器械可以发展幼儿的攀爬能力等。

乡村幼儿园可以根据幼儿基本动作的发展针对性地设置相应的器械,注意需平衡与兼顾幼儿多种动作能力,也可以收集生活中现有的、安全的废旧材料,经过改造后投放给幼儿,鼓励幼儿一物多玩,比如废旧轮胎既可以滚动、又可以推拉,进行组合后还可以攀登等。

值得注意的是,不少乡村幼儿园是由小学校舍改建的,有空旷的活动场地,但是缺少符合幼儿的运动器械。鉴于此,乡村幼儿园可以充分利用户外的空间,借鉴"安吉游戏"的经验,投放低结构化的材料,组织幼儿进行自主性的游戏活动,给予幼儿广阔的游戏空间,一方面满足幼儿的游戏需求,一方面也促进了幼儿体能的发展。

二、教育管理

(一)一日生活中的教育

学前儿童处于身心发展的快速时期,幼儿不以系统化的学科学习作为主要内容,更要注重对基本生活习惯、生活自理能力、与人相处的态度及基本常识等的学习,因此"一日生活皆为课程"也体现了幼儿学习生活性的特点。幼儿园教育应当以贯穿一

---

[1] 殷瑛,周卫蔚.试析农村幼儿园"乡村游戏"课程资源的开发[J].教育导刊(下半月),2014(7):45-48.

日的生活各个环节的内容联系起来,使教育的内容既源于生活,又超越生活,实现引导幼儿获得发展的价值。

我国学前教育学家陈鹤琴先生提出的"活教育"理论中就明确了"大自然、大社会都是活教材"的观点,主张幼儿园的课程内容与儿童的实际生活相结合,以"五指活动"来规定课程内容,包括健康活动、社会活动、科学活动、艺术活动、语文活动,与《3—6岁儿童学习与发展指南》的精神不谋而合,将一日生活中的诸多教育资源纳入了课程中,是结合我国国情进行"本土化"的杰出探索,可供乡村幼儿园启发借鉴。

在乡村幼儿园班级管理中,应本着"一日生活皆课程"的大课程观,以生态学的视野来看待乡村幼儿园园本课程,把农村幼儿从幼儿园封闭的学习空间中解放出来,明晰幼儿自身和周围的自然、社会环境的关系,帮助幼儿与之进行良性互动,真正走向"大自然、大社会",促进乡村幼儿在适应周围环境的同时身心健康和谐地发展。[1]教师应从幼儿的生活活动、游戏活动、运动活动、学习活动入手,梳理各个环节中的指导要点,留心观察幼儿生活中的教育契机,开展计划性与随机性、目的性与生成性相结合的教育活动。

(二)游戏活动中的教育

《幼儿园教育指导纲要(试行)》中明确指出,"幼儿园教育以游戏为基本活动",强调了游戏在儿童发展中的重要地位,全美幼教协会也支持教师通过为儿童提供积极的学习机会以及延长儿童每天的游戏时间来满足儿童的游戏需求。许多领域如医学、儿童发展学、精神病学、心理学、进化生物学和教育学的专家们,都一致地肯定了游戏在儿童早期阶段对其发展的不可替代的价值,幼儿的童年因游戏更精彩。

但是目前乡村幼儿园在幼儿游戏中仍存在一些共性的问题,一方面由于乡村幼儿园"小学化"倾向严重,幼儿的游戏时间和机会被大量剥夺,导致幼儿童年的游戏缺失;另一方面,受制于乡村教师在观察指导游戏方面的专业性水平,因此也大量存在放任自流的情况,难以支持幼儿的游戏走向更高水平的发展。

在游戏前,教师首先需要考虑,儿童的兴趣点是什么? 身边有哪些材料可以利用? 投放哪些材料对孩子来说是适宜的? 如何投放材料能够引发孩子的游戏兴趣?

在游戏中,教师需要以观察者的角色观察评估幼儿的发展,并计划提供哪些选择

---

[1]李重阳,李国强,施东城.生态学视野下乡村幼儿园园本课程构建[J].教育评论,2020(6):126-132.

以支持孩子在游戏中持续发展的自主性。①教师也应当以多种具有发展适宜性的方式记录儿童在达成学习标准和指标过程中的进步……当我们了解了儿童自己能做的事情后,我们就能运用早期学习标准去决定:为了促进儿童进步,我们还需要帮助他们发展哪些能力。②

在观察的基础上,教师需要对幼儿的游戏进行判断:孩子已经做好了哪些准备?可以实现哪些具有挑战性的目标?如何提供支持能够帮助孩子克服现有的困难?如何建议孩子尝试处于"最近发展区"内的挑战?如何通过展示和记录让孩子之间的经验获得分享和提升?可以从幼儿感兴趣的游戏中生成有价值的课程吗?

在游戏后,教师需要反思,孩子在游戏中获得了哪些经验的提升?反思自己在游戏中的介入和指导是否适宜?孩子还有可能从目前的游戏经验上获得哪些方面的提升?

案例1-3

如何堆树叶①

有一天一位老师发现了孩子对把落叶扫成"一大堆"很感兴趣,就问:"你们觉得树叶可以堆得有多高?"于是孩子们的堆树叶挑战赛就开始了,孩子们兴致勃勃地往桶里装满树叶,然后把树叶又倒在了越来越高的树叶堆上。这时有孩子说:"我觉得这个树叶能堆到和老师一样高。"另一个孩子说:"不,我觉得能和大树一样高!"孩子不断地在树叶堆上倾倒更多的树叶,当堆到够不到的高度时他们请来了老师帮忙。

就这样堆着堆着,连老师也够不到树叶堆顶端了,这时一个孩子提出需要一个梯子,老师帮忙找来了梯子,他们继续倒树叶,到后来梯子也不够高时,老师组织孩子们席地而坐,展开了头脑风暴式的讨论。一名孩子提出了具有想象力的方案:"我们需要一种机器把桶带到树叶堆上去。"接着,孩子们就这个机器是什么样的展开了讨论,老师给了每个孩子绘画的工具,提议孩子们把自己的想法画下来。他们的画作充分地展示了创造性思维和问题解决的能力。

第二天,教师带来了一些易于理解的书籍,涉及不同类型的机械,尤其是滑轮和其他种类的"升降机"(传送带等)。这引发儿童画了更多关于机械的图画,并讨论如何把东西提起来,孩子开始了对这个问题的深入学习。

②[美]琼斯,瑞诺兹.小游戏大学问:教师在幼儿游戏中的作用[M].陶英琪,译.南京:南京师范大学出版社,2006.
③Gera Jacobs, Kathy Crowley. Play, projects, and preschool standards: Nurturing children's sense of wonder and joy in learning[M]. Thousand Oaks, CA: Corwin Press, 2007.

> **分析**
>
> 这是一个从自然体验中发生的游戏,当教师聚焦于儿童时,"课程"便是"发生的事情"。教师充分地尊重了幼儿主体性,敏锐地抓住了幼儿的兴趣点,并通过一系列的提问、参与和讨论,推动了幼儿游戏的层层深入,支持了幼儿自主自发的探究性行为,并提供了相关的图书和材料以拓展幼儿的经验。乡村有着广博的自然资源,教师可以多从幼儿与自然互动的游戏中找到推进游戏向更高水平发展的生长点。

提升教师的游戏观察与指导能力需要长期的积累过程,建议一线乡村教师多研读游戏案例,多观察分析幼儿的游戏行为,从材料的投放、幼儿的游戏观察与评价、游戏中的师幼互动等方面进行思考和探索。

(三)五大领域中的教育

《3—6岁儿童学习与发展指南》从健康、语言、社会、科学、艺术五个领域描述幼儿的学习与发展。作为乡村幼儿教师,应本着关注幼儿学习与发展的整体性、尊重幼儿发展的个体差异、理解幼儿学习方式和特点、重视幼儿的学习品质四个方面的原则,结合本地的实际情况和本班的幼儿现状,重视幼儿学习与发展的过程,贯彻落实指南精神,组织五大领域的教育活动,并关注幼儿的学习发展情况。切不可以指南中五大领域的"各年龄段典型表现"作为年终验收的标准,作为幼儿是否"发展达标"的评判依据。

五大领域是幼儿最基本、最重要的学习领域,也是幼儿发展得最基本、最重要的方面。五大领域的教育并不是割裂的关系,而是有机渗透、相互整合的关系。[2]PCK(领域教育知识)理论,提倡促进儿童的全面发展,并认为只有将整合课程和领域概念学习相互结合,才能实现教学目标,为了实施高质量的整合课程教学,教师必须首先提升自己各领域的PCK。

乡村教师在五大领域的教育教学中,需要把握每一个领域的核心经验,并清晰梳理关于教什么(教学内容的知识)、教谁(教育对象的知识)以及怎样教(教学策略的知识)的内容,把握每个领域幼儿发展的核心经验是什么、3~6岁儿童关于此核心经验的

---

[1][美]露丝·威尔逊幼儿园户外创造性游戏与学习[M].陈欢,译.北京:中国轻工业出版社,2020.
[2]李季湄,冯晓霞.《3—6岁儿童学习与发展指南》解读[M].北京:人民教育出版社,2013.

发展特征如何、关于该核心经验如何组织教育活动的问题。除了组织集中教学活动之外,教师也要有意识地将五大领域的教育自然地融入幼儿一日生活中,与生活活动、游戏活动、户外活动中的教育契机有机地结合,促进幼儿全面的发展。

三、家长工作管理

家长工作管理是幼儿园班级管理的重要组成部分,对实现教育目标、教育好幼儿、办好乡村幼儿园都十分重要。乡村幼儿园应密切与家长的联系,主动引导和影响家长,使其与幼儿园在教育思想、原则、方法等方面取得统一认识,一方面帮助他们了解幼儿园的保教工作,另一方面也要向家长宣传科学的育儿知识、提高其育儿能力。

不少乡村家长仍停留在经验式育儿上,缺乏科学的理念和方法指导,在教育观念和教养方式上存在一定的误区和偏差,尤其是照顾留守儿童的祖辈家长。如不少家长认为,幼儿园教育的主要目标就是教幼儿学认字、写字和算术,并不认同幼儿园开展游戏活动的价值。同时,由于有些家长的文化水平较低,其在家庭生活中表现出的行为习惯和文明素养也难以为幼儿树立正面榜样。

案例1-4

幼儿园什么都不教? [1]

杨老师最近听到家长在议论:"这个幼儿园怎么什么都不教,人家其他幼儿园中班的小孩都会写字、拼音了?""是呀,人家孩子都会两位数加法了,字也认了不少,我们孩子怎么成天就玩玩,学不到什么呀!"

杨老师针对这个现象,决定组织一场别开生面的家长开放日活动。首先要求家长和孩子一起收集了生活中的废旧材料,然后活动当天带领组织孩子进行有关废旧材料的亲子手工活动,但是杨老师提出了要求:"亲爱的爸爸妈妈,请大家不要代替孩子动手,让孩子自己决定做什么,自己动手来制作,大家在旁边观察并思考,孩子学到了什么?您有什么样的启发?"

---

[1] 王化敏.给幼儿教师的一把钥匙——幼儿教师教育实践策略指导[M].北京:教育科学出版社,2008.

活动开始了,孩子们纷纷动手画图、设计自己的作品,利用合适的材料和工具投入、专注地开始了制作,过了一会儿,孩子们变废为宝的作品就诞生了,卡车、飞机、项链、衣服等。家长们流露出了惊喜和欣慰的表情。

　　活动结束后,杨老师请家长来分享自己的所见所想。灵灵的爸爸说:"我今天看到她在帮小朋友剪飞机图形,平时她都不会干活的,没想到孩子这么能干!"花花妈妈说:"在用牙膏盒搭房子的时候,花花会边做边数有几层,还会指着纸盒告诉我这是正方形,这是长方形。"……杨老师说:"其实孩子在幼儿园活动中能够学会怎么和小朋友相处,在丰富的游戏活动中玩中学,学中玩,比如我们准备了许多材料让孩子玩娃娃家、开小商店,他们就在实际感知中学会了数数和运算,这样比单纯做算式更能帮助孩子理解数量之间的关系。幼儿园教育并不仅是让孩子学知识,更重要的是通过玩来培养孩子的学习兴趣、学习能力和学习习惯。"

　　最后,家长们一致认为这种活动回家也可以做,让幼儿既乐意玩,又会学到了好多东西。

分析

　　在开展家长工作的时候,案例中的杨老师就善于使用"迂回"的策略,通过设计一次家长开放日活动,让家长们亲身体验、直接观察,理解幼儿的学习与发展特点以及幼儿园教育的目标和方法。家长对于学前教育的误区,在这次具有针对性的、生动有趣的活动之后,得到了正确的引导,教师一方面帮助家长澄清了教育的误区,一方面也赢得了家长的信任,这样的方式比起说教式的沟通方法更加事半功倍。

　　因此,农村幼儿园在做家长工作时,应基于对幼儿家庭构成、育儿观念的了解,有针对性地提供必要的指导,鼓励家长承担起育儿职责,改进家庭教育现状,发挥家庭教育优势,为幼儿的健康成长创造有利的环境。关于家园共育的具体策略将在第四章具体阐述。

四、乡村幼儿园班级管理中存在的问题

(一)班级管理缺乏计划性

乡村幼儿园的活动开展如果随意性太强,不按照一定的计划组织,则会直接影响幼儿园的保教质量,影响幼儿的发展水平。但在现实情况中,不少乡村幼儿园保教活动的开展缺乏工作常规的约束,显得随意性较大且无章可循,缺乏科学合理的安排以及制度性的管理,因此需建立良好的工作常规,加强工作的秩序感和计划性。

制订班级保教工作计划是应对这一问题的有效方式,班级保教工作计划是班长组织本班保教人员,基于对班级幼儿的发展及工作实际情况的分析,结合国家发布的幼教文件精神协商制订的。主要分为学期计划、月计划和周计划。不同层级的计划应对教育目标、保教工作的内容要求和实施方案、常规及重点工作的安排进行明确阐述,并逐级将上一级的计划具体化于下一级的计划中,最终呈现为逐日的教育活动计划。

除了以时间为线索,对保教工作进行常规性的计划,教师还可以根据班级管理中的板块属性,对班级工作进行提前的统筹规划。如面对即将毕业的大班幼儿,在家长工作方面,可以于学期初制订本学期开展对家长进行幼小衔接指导工作的计划;在课程方面,则可以围绕"我要上小学"进行有计划的活动安排;在环境创设和材料提供方面,也可以有计划地收集幼儿哥哥姐姐上小学的学习用品等,充分的准备和规划,可以避免因临时起意造成教育活动开展局促、质量不高的问题。

(二)忽视幼儿的个别需要

由于农村幼儿园的客观条件限制,班额过大、教师数量不足的问题较为普遍,教师对幼儿个别化的需求往往容易忽略,在班级管理过程中主要表现在:

1.过渡环节对幼儿的关注不到位

比如有的幼儿先完成了饮水环节后需要排队等候进行下一个户外活动,这时幼儿就会存在无所事事的情况,加之如果教师忙于照顾其他幼儿,则容易造成幼儿的问题行为。

因此教师需要合理地安排好幼儿一日生活中的转换环节,避免幼儿的消极等待,班级教师之间明确各自的分工与职责,防止幼儿被暴露在安全隐患中,减少问题行为的发生。

2.对幼儿的个别化发展关注不到位

由于不少乡村幼儿园组织幼儿活动以集体形式为主,"小学化"倾向严重,集体化的活动选材和活动设计难以顾及幼儿的个别化兴趣,也难以观察和评估幼儿的个别化发展水平,继而影响教师对幼儿的个别化指导,以至于难以真正地促进幼儿在其"最近发展区"有效性发展。

因此教师需要为幼儿的自主游戏和个别化学习提供充分的时间和空间,设计针对幼儿不同能力的小组教学活动,开展丰富多彩的区域活动,提供幼儿个别学习的机会;教师也可以运用多种有效的教学方法调动幼儿参与的兴趣,以活动的趣味性来吸引幼儿的专注参与,降低教师因维持纪律而大量投入的精力,将教师解放出来,以完成对幼儿个别化的观察和指导,满足幼儿个性化的发展需求。

3.对幼儿的心理健康关注不到位

普遍看来,幼儿的心理健康教育仍存在被忽略的问题,仍有部分班级保教人员更重视对幼儿的生活照顾和知识传授,或者常采取负面批评的带班方式,导致幼儿的心理需求没有被及时关注和回应,特别是对处境特殊的幼儿(如留守儿童),长期以来会造成幼儿自我效能感低、情绪管理能力差等问题,不利于幼儿的心理健康。

因此教师应该注重为幼儿营造积极的人际心理氛围,让幼儿保持愉快、平稳的情绪,避免过度亢奋、浮躁不安或者过于压抑。教师也需要多加倾听和接纳幼儿的心理需求,将幼儿当作平等的个体,增加与每个幼儿亲密沟通的机会,多抱一抱、夸一夸幼儿,使幼儿感受到如家庭一般的温暖,在积极的环境中健康成长。

第二章 乡村幼儿园班级管理的环节

◎ 学习目标

◎ 乡村幼儿园班级工作计划围绕哪些内容进行制订。

◎ 乡村幼儿园班级工作如何组织与实施、检查与调整。

◎ 乡村幼儿园班级工作总结与评估的意义和具体内容。

◎ 思维导图

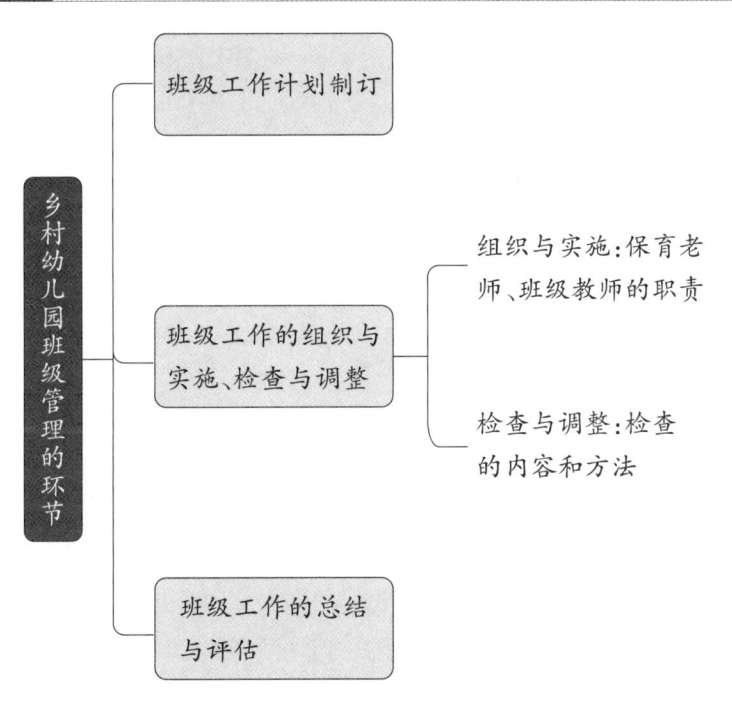

乡村幼儿园班级管理的环节
- 班级工作计划制订
- 班级工作的组织与实施、检查与调整
  - 组织与实施：保育老师、班级教师的职责
  - 检查与调整：检查的内容和方法
- 班级工作的总结与评估

小案例

在一个乡村幼儿园里,西西是一个很害羞的小女孩,她基本上只靠手势和其他肢体语言与别人交流,她最擅长的动作除了用手指着目标,就是点头和摇头。然而有一天,老师正在给大家讲故事的时候,她突然发出了声音,当时老师手里拿着的绘本是有关动物如何为过冬做准备的,当老师把书上画的一只老鼠展示给大家看时,西西突然打开了话匣子,讲起了有关老鼠的故事。

大思考

①西西为什么突然打开了话匣子?
②面对不爱说话的幼儿我们应该做些什么工作?
③我们是否会尽力让所有的幼儿都参与讨论?
④当幼儿说话时,我们是否专心致志地在听?是否会做出反应?

班级管理是通过计划、组织、实施、调整等环节来实现的,班级管理的对象是幼儿园的人、财、物、时间、信息等,最重要的工作是对人的管理,即对幼儿、家长以及配班教师的管理[①]。对于乡村幼儿园来说,教师们面对来自不同家庭背景的幼儿及家长,要做好幼儿身体、语言、心理等内容的健康发展,尤其需要注重班级管理的各环节和细节。班级管理工作水平的高低直接影响幼儿园管理的整体水平以及幼儿的发展。因此,教师必须关注每个家庭的共性和特性,寻找适宜的沟通方法解决实际的问题,做到有效优化班级管理,为幼儿创造最适合成长的健康的心理环境和教育环境。

第一节 乡村幼儿园班级工作计划的制订

班级工作计划是幼儿园班级管理诸多要素中的基础,制订合理、科学的班级工作计划,能够有效地提升幼儿园班级管理工作的组织计划性,加强工作的秩序感。乡村幼儿园因幼儿园环境、师资队伍、幼儿园管理等内容与城镇幼儿园相比存在一定的差异,因而存在不一样的问题和困难,所以在制订班级工作计划的过程中,不仅需要考虑幼儿的年龄阶段特征,还需要根据幼儿园的社区环境、幼儿园的物质环境、精神环境,以及每个家庭的情况等内容进行制订。以下将从学期计划、月计划、周计划以及特色计划几个方面对乡村幼儿园班级工作计划进行详细的阐述。

一、学期计划

幼儿在园三年的学习与成长需要立足于幼儿园对幼儿成长的规划,所以幼儿园教育目标的实现,要从宏观的教育目标出发,层层细化。学期计划是针对幼儿年龄阶段特征,融合幼儿园班级管理各项工作的内容,其中包含了幼儿小中大班年龄阶段的

---

①卫岚.教师的情感艺术在幼儿园班级管理中的实践研究[D].上海:上海师范大学,2009.

教育目标,对教师的工作要求,家长工作以及安全教育工作的内容。以下基于乡村幼儿园的背景,根据幼儿的年龄阶段特征,阐述小班、中班、大班学期计划制订的建议,具体内容应根据班级的具体情况而定。

(一)小班学期工作计划

小班幼儿刚入园,环境和要求都发生了很大的变化,会表现出不适应的状态,常表现为入园焦虑,情绪不太稳定,不善于与同伴相处,生活自理能力差等,加上语言和行为发展还很不完善,管理时有一定难度[①]。乡村幼儿园迎接小班幼儿入园,教师需要面临的问题困难程度更大,因此,在小班学期工作计划制订时,应将重点放在幼儿的入园适应工作上,加强与家长的沟通合作,并结合幼儿园、班级的实际情况以及教育资源进行制订。

1.工作重点

(1)培养小班幼儿生活常规和教育常规。

(2)提高小班幼儿自我保护意识。

(3)增强小班幼儿语言能力、生活自理能力及社会交往能力等。

(4)加强个别幼儿关怀。

2.主要工作任务

主要的工作任务包括保育和教育教学工作、班务工作、家长工作,以及安全教育工作。教育教学工作主要遵循《3—6岁儿童学习与发展指南》的目标要求,从五大领域入手进行教育教学工作的计划制订。此外,小班保教工作可着眼于帮助幼儿适应幼儿园环境,培养幼儿良好的生活常规及教育常规,教师应努力做好以下工作(见表2-1)。

表2-1 ◆ 小班学期工作任务

	工作目标
保育工作	①新生入园的情绪关怀,缓解幼儿分离焦虑 ②帮助幼儿初步养成生活常规,促进幼儿生活自理能力的提升 ③合理安排一日环节,重点关注幼儿的生活活动 ④注重对幼儿的照顾,提供有效情感支持,为幼儿身心建立安全感 ⑤鼓励幼儿积极参加各项班级活动,及时给予有效反馈

[①]钟鸣.幼儿园班级管理的策略研究[D].长春:东北师范大学,2010.

续表

	工作目标
教育教学工作	①培养幼儿形成一定的学习意识和能力 ②根据班级幼儿发展水平,结合《3—6岁儿童学习与发展指南》小班年龄阶段的发展目标要求,合理制订符合幼儿身心发展的教育教学目标 ③为幼儿提供更多的动手操作机会,促进幼儿的小肌肉发展 ④利用节日开展丰富多彩的活动,调动幼儿的积极性
班务工作	①善于利用废旧材料认真布置活动室环境,合理规划各班级区域 ②定期参加教研活动,为班级活动融入新鲜理念 ③建立健康档案和家庭档案,养成家园合作的良好意识 ④与配班老师每月定期召开班务会,进行总结与反思 ⑤管理好班级财物,平时注意节约用水、用电,以免造成浪费
家长工作	①定期召开家长会,使家长了解班级的主要工作 ②加强与家长的交流与沟通,微信、电话、家访、接送时的交谈等形式相互结合,如遇家长不在幼儿身边时,应定期与家长交流和反馈,幼儿有特殊情况发生时,及时与家长及其他监护人联系 ③按时更换"家长园地"的育儿知识,向家长提供有意义的幼教资讯 ④每学期向家长开放半日活动,使家长了解孩子在园的生活学习情况 ⑤鼓励家长积极参加亲子活动,参与助教,发挥家长的作用
安全教育工作	①为幼儿提供一个清洁、舒适、安全的活动环境 ②营造温暖、愉悦的班级氛围,和谐的工作关系 ③保证幼儿一日生活活动、教学活动、区域活动、户外活动的安全 ④培养幼儿的安全意识,提升家长的安全意识和教师的安全意识 ⑤根据安全应急预案做好日常及突发工作 ⑥做好入园和离园工作,家长接送幼儿时,确保幼儿的安全

(二)中班学期工作计划

中班幼儿生活自理能力有了明显提升,有了为他人服务的意识,愿意承担教师布置的任务,并努力去完成,注意力、观察力及语言表达能力明显提高,游戏活动更加丰富,与同伴交往能力增强。因此,其活动的目的性增强,也具有了初步的任务意识和责任意识,同时,也存在一些不利于教师管理的因素,如爱告状、攻击性行为的产生等[1]。乡村幼儿园中班的学期工作计划应在对幼儿的日常生活照顾之外,考虑中班幼

---

[1] 钟鸣.幼儿园班级管理的策略研究[D].长春:东北师范大学,2010.

儿的年龄阶段特征的基础上,关注对幼儿学习兴趣及学习习惯的培养,以及幼儿个体发展的差异,结合幼儿园的实际情况制订工作计划。

1. 工作重点

(1)聚焦幼儿的兴趣、爱好、需要,培养幼儿良好的学习习惯和学习品质,抓住关键期,关注幼儿的语言表达、数理逻辑、社会交往能力的发展。

(2)在工作中关注幼儿个体差异,将主题活动与区域活动有机结合起来,让幼儿在重点领域得到充分发展。

(3)安排好各个环节,确保幼儿有序活动,降低攻击性行为出现的频次,提高幼儿参与活动的积极性。

2. 主要工作任务

教育教学工作主要遵循《3—6岁儿童学习与发展指南》的目标要求,从五大领域入手工作计划的制订。教师应通过教育教学活动,帮助中班幼儿掌握良好的教育常规,家长及其他监护人应尽力配合班级教师完成班级管理工作,具体内容如下表所示(见表2-2)。

表2-2◆中班学期工作任务

	工作目标
保育工作	①持续为幼儿创设干净、卫生、舒适的班级环境 ②培养良好的生活常规,包括清洁卫生习惯,良好的饮食习惯、睡眠习惯等 ③关注幼儿的兴趣和要求,以平等的态度拉近师幼关系 ④关注幼儿的情绪、行为表现,发现异常情况及时与幼儿交流,并根据情况给其监护人和家长反映
教育教学工作	①注重集体教育教学活动的有效性,关注每个幼儿的行为、情绪表现 ②进一步学习《3—6岁儿童学习与发展指南》,合理制订教育目标 ③培养幼儿自主探索和学习的能力,对幼儿游戏与学习活动进行观察和记录 ④创设多种活动,根据幼儿兴趣定期更换活动,提高幼儿参与积极性 ⑤根据幼儿的个体差异,有意识地给予幼儿更多表现机会,鼓励幼儿表达自己
班务工作	①利用废旧材料,师幼共同创设班级环境 ②养成节约意识,在班级物品使用中避免浪费 ③与配班老师每月定期召开班务会,总结与反思管理工作,对计划适时调整 ④妥善、合理地管理班级财产,有针对性地购买、制作玩教具并将其投入各个区域 ⑤定期参加教研活动,为班级活动融入新鲜理念

续表

	工作目标
家长工作	①开展家长助教活动,促使家长参与到幼儿教育工作中来 ②及时沟通,做好个别家长的家庭教育指导工作 ③结合班级情况,创设形式新颖的家长会,深入家园沟通 ④定期与家长交流和反馈,幼儿有特殊情况发生时,及时与家长及其他监护人联系 ⑤利用微信、公众号等沟通平台向家长宣传幼教知识,向家长提供有意义的幼教资讯 ⑥每学期向家长开放半日活动,使家长了解孩子在园的生活学习情况
安全教育工作	①建立完整的安全应急预案,积极进行消防演练 ②教育教学中开展安全教育活动,提升幼儿的安全意识 ③营造温暖、愉悦的班级氛围,友好的同伴关系,和谐的工作关系 ④培养幼儿的安全意识,继续提升家长的安全意识和教师的安全意识 ⑤保证幼儿一日生活活动、教学活动、区域活动、户外活动的安全

(三)大班学期工作计划

大班是幼儿在园的最后一年,幼儿更加聪明懂事,各方面能力有了明显提升,与教师的关系更加稳固,对待任务更具责任心,特别重视结果,如比赛结果、评比结果、获奖结果。因此,在大班的学期工作计划中,应多以明确的任务为重,在培养幼儿的基础上,继续发挥教师的榜样作用,在生活环境布置上、活动形式上、要求上、师幼关系上、教学方法上都应做出相应的调整[1],并将幼小衔接的内容自然地融入幼儿的一日生活各个环节,根据幼儿园和班级的实际情况制订。

1.工作重点

(1)促进大班幼儿全面发展,加强幼儿的语言表达、数理逻辑、想象力、创造力等能力的培养。

(2)做好幼小衔接工作,着重培养幼儿的亲社会行为,对个体差异较大的幼儿给予更多关注。

(3)继续加强幼儿自我管理能力和良好学习习惯的培养,引导幼儿自己发现问题、思考问题、解决问题。

2.主要工作任务

大班幼儿即将面临入学的挑战,因此班级管理工作也需围绕幼小衔接来开展,具体内容如下表所示(见表2-3)。

---

[1]钟鸣.幼儿园班级管理的策略研究[D].长春:东北师范大学,2010.

表2-3 ◆ 大班学期工作任务

	工作目标
保育工作	①加强幼儿体质的锻炼,保证幼儿充足的户外活动时间 ②着重发展幼儿的独立性和个性,注重幼儿礼仪的培养,提升幼儿的社会交往能力 ③保证班级内干净、整洁,物品整齐有序,营造幼儿良好的学习与游戏氛围 ④加强生活常规的培养,对不良习惯及时纠正 ⑤应与幼儿多说话、多沟通,以亲和的态度建立良好的师幼关系 ⑥着重培养幼儿自我管理能力,包括自己的行为、生活、物品、语言等
教育教学工作	①重视活动形式的多样化,培养幼儿对体育活动的兴趣 ②开展幼小衔接工作,增强幼儿学习自主性,在活动中给予幼儿更多自主选择权 ③注重培养幼儿在活动中发现问题、解决问题的能力,以及克服挫折的精神 ④开展前阅读和前书写相关活动,注重幼儿的语言表达、数理逻辑能力的培养 ⑤按计划开展活动,根据幼儿的兴趣和需求进行适当调整 ⑥多组织集体竞赛,激发幼儿的集体意识和责任感
班务工作	①师幼共同创设与教育内容相符的教育教学环境 ②每月定期召开班务会,根据情况总结与反思,及时找出解决问题的办法 ③认真制订好月、周计划,严格按计划开展各项活动,科学合理、动静交替地安排好幼儿一日活动 ④管理好班级财物,平时注意节约用水、用电,以免造成浪费
家长工作	①定期召开家长会,及时与监护人交流幼儿在家、在园的表现情况 ②加强与家长的交流与沟通,微信、电话、接送时的交谈等形式相互结合 ③充分挖掘"家长资源"与幼儿共同收集与主题有关的资料,增进亲子互动及情感 ④每周更换"家长园地"内容,让家长对幼儿园工作有一定认识,促进家园沟通,提高教养水平 ⑤定期开展家园合作活动,帮助幼儿提升各方面能力 ⑥在家园共育中,培养幼儿良好的归属感,增强家长或监护人在幼小衔接阶段的责任意识
安全教育工作	①营造温暖、愉悦的班级氛围,友好的同伴关系,和谐的工作关系 ②保证幼儿一日生活活动、教学活动、区域活动、户外活动的安全 ③加强预防各种传染病、预防疫情病毒传播工作,建立完整的安全应急预案 ④增强幼儿的安全意识,继续提升家长的安全意识和教师的安全意识 ⑤在幼小衔接阶段关注幼儿在公共场所的安全意识培养,加强家园共育工作 ⑥开展安全教育活动,深入培养幼儿安全意识

以上是学期工作计划要点,根据乡村幼儿园班级管理的情况而言,学期计划应结合《3—6岁儿童学习与发展指南》,根据小中大年龄段的幼儿计划安排不同内容,在班务管理和家长沟通两方面的工作内容与工作方式上存在共性,幼儿教师可根据所管理班级的情况进行具体调整,有条不紊地安排各项班级工作。

(四)学期计划样表

学期计划是月计划、周计划的基础,学期计划涵盖诸多方面,详见下表(见表2-4)。

表2-4◆幼儿园学期计划样表

_____(上/下)学期								
月份	教研活动	特色活动	饮食保健	幼儿能力	安全管理	家园共育	后勤财务
……							
备注							

二、月计划

月计划是班级以月作为单位来制订的工作计划,以此来引导和规范班级教师的管理和行为,让这一个月的工作有计划、有方向、可操作、更高效,减少工作的盲目性和随意性。

(一)月计划样表

月计划的内容应包含上月情况分析、本月工作重点、主题目标、常规教育活动重点、主题活动及主题环境创设、游戏活动及区域材料投放、家长工作、幼儿的发展需求等内容,其呈现形式见下表(表2-5)。

表2-5◆月计划样表

×班×月份工作计划	
主题名称	
上月情况分析	

续表

×班×月份工作计划			
本月工作重点			
主题目标			
常规教育活动重点			
主题活动及主题环境创设			
游戏活动及区域材料投放			
家长工作			
幼儿的发展需求	领域	活动名称	目标
^	健康		
^	语言		
^	科学		
^	艺术		
^	社会		

月工作计划不同于学期计划,其工作内容更加具体,一般可根据具体的活动主题来安排幼儿园一日活动,同时在班级管理的各个内容中有所体现。因此,以下呈现出小、中、大班年龄阶段的月计划工作案例。

1.小班月工作计划案例

由于小班幼儿年龄偏小,生活自理能力较弱,有意注意水平较低且不稳定,易受外部环境的干扰。但同时,小班幼儿又处于语言、观察、思维快速发展的阶段,对周围世界充满浓厚的兴趣,对新鲜事物具有强烈的好奇心。以月主题"你好,幼儿园"为例,突出小班幼儿的年龄发展特征(见表2-6)。

表2-6◆小一班月计划表

小一班十月份工作安排	
主题名称	你好,幼儿园
上月情况分析	九月,孩子们从各自的家庭来到幼儿园这个大集体中,对他们来说这是一个陌生的环境,同时也是一个新奇的环境,他们正经历着人生中的第一次转折。孩子们入园一个月,已经基本熟悉了幼儿园生活,为了帮助孩子们从"熟悉"幼儿园到"适应"幼儿园,我们在上月完成了与家长和监护人交流、沟通的工作,发现有一

续表

\multicolumn{3}{c}{小一班十月份工作安排}		
上月情况分析	部分宝宝的父母在外务工,因此,我们做了详细的档案管理,记录了每个宝宝的家庭情况,并把宝宝的饮食习惯和身体特殊情况反馈给幼儿园,在一日生活就餐的环节中,特别观察宝宝们的饮食情况,关注他们的身心发展 接下来会在这个月的工作中继续关注他们的饮食和行为表现,加强对宝宝情绪的观察,针对宝宝们的表现调整工作计划	
本月工作重点	①根据天气和温度的变化加强卫生保健保育工作 ②组织好一日生活的各环节,重点关注幼儿一日生活中的生活活动表现 ③调整区域创设与材料投放,充分利用可用资源丰富幼儿的游戏 ④为主题活动的开展准备适合的活动材料,营造适宜的环境氛围,激发幼儿的好奇心 ⑤帮助幼儿建立安全感和归属感	
主题目标	①通过对幼儿园活动、人、环境的熟悉,培养幼儿的归属感 ②在一日生活各环节中提高幼儿一定的自我服务能力	
常规教育活动重点	①掌握"七步洗手法",能够认真洗手,逐渐做到正确洗手 ②每次能将脱下来的衣服较为整齐地叠放 ③能有序排队,初步建立规则意识	
主题活动及主题环境创设	借助绘本《小蓝和小黄》进行环境创设,李欧·李奥尼一时兴起为小孙子讲故事时创作了这个故事,这个故事的内容简单而不失童趣,其中包含了同伴交往的内容,也包含了美育的内容,符合当下我班的月主题工作重点 根据这本绘本的图画,将我班的环创主题色确定为蓝色和黄色,以原木色为辅助配色,材料简单方便,也容易制作装饰	
游戏活动及区域材料投放	本月重点区域:生活操作区——投放豆子、小勺、毛巾、拉链等材料锻炼孩子的生活自理能力	
家长工作	与家长和监护人逐渐建立信任感,在幼儿入园、离园时与家长多沟通、交流,让家长了解幼儿在园的表现,及时告知家长幼儿发生的特殊情况	
幼儿的发展需求	领域	活动案例	目标
^	语言	我喜欢的玩具	1.愿意表达自己的想法,说一说自己喜欢的玩具 2.能够注意听同伴讲话并作出回应 3.自然表现对玩具的喜爱,能够产生情感共鸣

续表

小一班十月份工作安排			
幼儿的发展需求	语言	幼儿园里有什么	1.能说一说自己在幼儿园看到的东西 2.能说一说教师准备好的材料用途 3.在游戏活动中保持愉悦的情绪
^	艺术	我们行个礼	1.愿意和小朋友一起游戏 2.能跟随熟悉的音乐做身体动作 3.能用自己喜欢的动作与同伴一起表现
^	^	小蓝和小黄	1.认识手指也可以作画 2.能用所提供的材料进行简单涂画
^	社会	我可以和你一起玩吗	1.想加入同伴的游戏时,能友好地提出请求 2.愿意和小朋友一起游戏
^	健康	小肚子藏起来	1.如厕后能将自己贴身的衣服别在裤子里,不让肚子受凉 2.养成包肚子的好习惯
^	^	我会叠衣服	1.会将自己脱下来的衣服叠放 2.能够将衣服较为整齐地叠放

2.中班月工作计划案例

中班幼儿活动水平明显提高,有意想象的水平也随之提高,需要更大的表达与创作空间以及更为丰富充实的活动空间。同时,中班幼儿的游戏水平不断提高,教师应为幼儿创设时间充足和空间更大的区域环境,并投放可操作性强、可利用率高的活动材料。围绕中班幼儿各方面能力水平的发展需求,以月主题"迎新年"为例展示月计划安排(见表2-7)。

表2-7◆中一班月计划表

中一班十二月份工作安排	
主题名称	迎新年
上月情况分析	马上就是新的一年了,孩子们已经抑制不住自己激动的心情,在游戏中已经表现出过新年的内容。此外,班上幼儿掉饭粒的问题仍普遍存在,在生活常规的培养中发现,幼儿周末回家后,周一入园总是会存在不遵守常规的个例,这个月之后将迎来放假,在假期之前应加强幼儿的常规培养,并提前做好家长工作
本月工作重点	①根据"新年"的主题,引导幼儿共同创设主题墙饰 ②加强幼儿新年安全教育,配合幼儿园管理开展一次安全演练 ③做好幼儿档案管理工作和幼儿评估工作 ④针对幼儿的表现进行家访的安排,及时与家长和监护人沟通 ⑤做好学期末的收尾工作

续表

中一班十二月份工作安排	
主题目标	①认知中国的春节以及春节时可参与的活动 ②学习基本的拜年礼节,感受春节的喜庆气氛 ③能够自主创作新年礼物,在不同领域的活动中,感受和表达自己的情绪情感 ④大胆表达对他人的美好祝愿
常规教育活动重点	①加强幼儿饮食习惯的培养,吃饭少掉饭粒,吃饭吃干净,不浪费粮食 ②提高幼儿餐后整理的能力,培养幼儿主动整理的意识 ③天气较冷,不随意穿脱衣服,午睡前整齐叠放自己的衣物 ④能有序参加游戏活动、生活活动 ⑤巩固正确洗手和打喷嚏的处理方式
主题活动及主题环境创设	多运用对联、窗花、新年照片和幼儿作品对环境进行创设,根据幼儿的表现,可让幼儿自主设计,师幼共同创设环境
游戏活动及区域材料投放	①阅读区:投放与新年相关的图书 ②美工区:围绕新年的主题,投放各类剪纸材料 ③角色扮演区:年兽、各种小动物的头饰、"鞭炮"、灯笼等和新年有关的材料
家长工作	①教师布置亲子任务,共同查阅"新年"相关的故事或资料 ②家长应与幼儿多讲述有关年的习俗、礼节和故事,丰富孩子对过年的基础认知,激发孩子对新年的期待和兴趣 ③和幼儿共同收集过新年的物品,如中国结、春联、红灯笼、红包、气球等,共同布置家庭环境,营造迎接新年的气氛

幼儿的发展需求	领域	活动案例	目标
	语言	年兽来了	1.了解春节的由来,能大致说出故事的情节 2.参与年兽角色扮演,感受集体愉悦的氛围感
		十二生肖的故事	1.认识十二生肖以及相应的排列顺序 2.尝试编一编并讲述十二生肖的故事
	科学	数字排队	1.学习12以内的序数 2.感受序数在生活中的运用
	艺术	过新年,放烟花	1.尝试用教师提供的材料创作烟花的形态 2.喜欢涂涂画画并愿意大胆创作 3.能够讲述自己的作品内容,并给作品取名
		大红灯笼高高挂	1.初步掌握用软纸围圈的方法制作教师展示的灯笼图片,并尝试创作自己喜欢的灯笼 2.能大胆地想象并尝试独立设计灯笼的造型
	社会	红包的秘密	1.知道过新年发红包所蕴含的独特意义 2.了解父母劳动的辛苦,能够对父母表达自己的祝福 3.体验幼儿园中同伴之间互送祝福的快乐
	健康	新年好	1.感受新年到来的欢快气氛 2.根据教师设计的游戏,遵循比赛规则 3.感受集体荣誉感,在游戏比赛中增进友谊

3.大班月工作计划案例

大班幼儿自我评价能力逐步发展,情绪情感的表达也更为丰富,基本能够清楚表达自己的想法,自理能力和劳动能力明显提高,合作意识也在逐渐增强,规则意识逐步形成的过程中还能够自主制定规则,与教师的关系密切,能够主动帮助教师做力所能及的事情。对教学内容好奇、好问,善于思考与提问,能够自主探究。以月主题"服装设计师"为例,激发幼儿的想象力、创造力和动手操作能力(见表2-8)。

表2-8◆大一班月计划表

大一班十一月份工作安排	
主题名称	服装设计师
上月情况分析	"服装设计师"是本学期"身边的劳动者"学期主题下的子主题,不同的行业有不同的工作服,其又具备了不同的工作功能,各种各样的工作服和它们的特殊功能吸引了孩子们的注意,引发了孩子们的思考。为了让幼儿了解不同职业的内容,以"服装设计"为教育教学切入点,帮助幼儿认识不同行业的劳动者,让幼儿在实践操作中,表现自己对不同职业的理解,在尝试为劳动者设计衣服的过程中,提升幼儿的审美能力
本月工作重点	①根据"服装设计师"的主题,引导幼儿共同创设主题墙饰 ②做好幼儿档案管理工作和幼儿评估工作,准备学期末的收尾工作 ③针对幼儿的表现进行家访的安排,及时与家长和监护人沟通 ④家园共同为幼儿准备操作材料
主题目标	①知道服装制作与我们生活的关系,认识服装设计师的工作 ②了解服装的制作过程,认识服装的结构和款式 ③认识不同职业工作者的制服样式,了解服装的功能 ④学当小设计师,感受制作活动的乐趣,大胆表现自己的创造作品
常规教育活动重点	①吃饭不掉饭粒,提高餐后整理的能力 ②能有序地参加游戏活动,注重团队合作 ③能自己感知温度来增减衣物,主动饮水
主题活动及主题环境创设	提供各行各业的制服图片,服装的制作流程以及丰富的布料和制作工具(注意幼儿的使用安全和日常的管理安全)
游戏活动及区域材料投放	①美工区:各行各业的衣服样图和流程图;一些常用工具:剪刀、碎布、尺子、胶水、报纸、包装纸等 ②阅读区:投放一些关于服装设计方面的绘本,引导幼儿在设计与制作服装时查阅和参考,激发幼儿的兴趣 ③角色扮演区:投放一些职业的小小工作服,让幼儿在游戏中表现职业特点

续表

大一班十一月份工作安排		
家长工作	在与家长和监护人沟通时,积极争取他们的参与和支持,除了资源或材料的提供,应鼓励家长积极参与单元主题活动内容的选择、设计与生成。充分发挥家长资源的优势,如调动与制作服装工作相关的家长参与或请家长直接为幼儿讲述相关知识、技能等	
幼儿的发展需求	领域	活动案例	目标
	语言	绚丽的服装	1.能用较完整的语言介绍服装的特征 2.了解各色各样的服装,感受服装与生活的关系
	科学	我会量布	1.尝试用小图卡测量布的方法 2.体验"服装设计师"科学测量的乐趣
	艺术	拼贴衣服	1.了解衣服的结构,能够自主拼接衣服的各部分 2.能够为衣服设计一些花纹和图案,并尝试动手操作
		服装秀	1.学习用剪、贴、画等方式大胆设计与制作服装 2.能与同伴一起完成作品,大胆展示自己的作品
	社会	夜晚的交警叔叔	1.认识交警叔叔身穿的工作服的用途 2.说一说其他工作者制服的特殊功能
	健康	勤劳的小蜜蜂	1.模仿蜜蜂采蜜的动作进行跑、跳等 2.遵守游戏规则,乐于参与体育游戏

以上月计划案例体现了小中大班的年龄特点,具有较强的操作性,但幼儿教师需要根据本班班级管理学期计划的内容进行设计和安排,尤其应该根据幼儿园自身的地域特色和幼儿、家长的实际情况灵活进行调整。综上所述,学期计划体现的是班级管理工作的宏观方向,月计划是班级管理工作的主要内容导向,所以,周计划应该表现幼儿园班级管理工作的具体内容。将幼儿为本原则、整体协调原则、保教结合原则、师幼互动原则、家园协同原则具体落实到周计划的安排中[①]。

三、周计划

幼儿的学习与发展是在一日生活中进行的,一日生活皆课程。在幼儿园教育教学工作中,规范地制订周计划,能引导教师合理组织一日生活的每个环节,统筹安排一周的活动内容,促进教师更多地思考和关注幼儿的生活与其发展之间的关系,从而规范自己的行为,减少工作的盲目性和随意性。对于乡村幼儿园班级管理而言,具有

---
① 钟鸣.幼儿园班级管理的策略研究[D].长春:东北师范大学,2010.

很强的指导性和操作性,能为幼儿争取更多游戏与学习的时间和机会,培养幼儿各方面的能力,最终促进乡村幼儿园教育教学工作的顺利开展,提升幼儿园的办园质量,获得家长的信任。

(一)周计划样表

周计划具体落实到每日的生活活动、集中教学活动、区域活动、户外活动等内容中,将月计划更为详细而具体地呈现出来,可操作性、实效性更强,以下样表可供参考(见表2-9)。

表2-9◆周计划样表

×幼×学年×学期第×周保教工作计划							
本周主题:		班级:		时间:				
保教目标								
每日活动安排	日期	上午			执教教师	下午		执教教师
^	^	教育活动	户外体能活动	区域活动	^	区域活动	户外体育游戏	^
^	星期一							
^	星期二							
^	星期三							
^	星期四							
^	星期五							
家长工作								

1.小班周计划案例

以"大马路"主题为例,结合小班幼儿年龄特点、班级幼儿的实际情况和月计划主题制订以下周计划(见表2-10)。

表2-10◆"大马路"小班周计划表

×幼2020学年下学期第11周班级管理工作计划

本周主题：大马路　　　班级：小三班　　　时间：5月10日—5月14日

保教目标	本周围绕主题"大马路"开展系列活动： 1.知道每个人都有优点和缺点，要看到自己的优点，也要看到别人的优点，不取笑别人的缺点 2.了解汽车的主要特征，能够用简短的句子说说汽车的特点 3.加强幼儿的常规培养，排队、进餐、如厕洗手等，培养幼儿自己穿脱衣服的能力						
每日活动安排	日期	上午			执教教师	下午		执教教师
^	^	教育活动	户外体能活动	区域活动	^	区域活动	户外体育游戏	^
^	星期一	社会：夸夸自己和别人	体能训练：跳、S形走、跑步训练	美工室：创意杯垫1		阅读区：自由阅读绘本	老狼老狼几点了	
^	星期二	语言：谈话活动"毡辘转"	体能训练：直线走、跳	建构室：盖高楼		美工区：我的车旗	吹泡泡	
^	星期三	科学：数学活动"小鸡捉虫"	体能训练：钻、爬、跳	角色扮演区：嘟嘟超市		主题活动：垃圾分类	城门城门几丈高	
^	星期四	体育活动：和球宝宝做游戏	体能训练：钻、爬、S形走	角色扮演区：嘟嘟理发屋		安全活动：保护眼睛	123木头人	
^	星期五	艺术：音乐游戏"小老鼠"和"大懒猫"	体能训练：双脚跳、手膝着地地爬	美工室：创意杯垫2		绘本馆：故事分享《不跟陌生人走》	老鹰捉小鸡	
家长工作	1.请家长配合老师培养幼儿的生活自理能力 2.坚持使用接送卡，接送孩子						

2.中班周计划案例

以"我升中班了"主题为例，结合中班幼儿年龄特点、班级幼儿的实际情况和月主题制订以下周计划(见表2-11)。

表2-11 ◆ "我升中班了"中班周计划表

×幼 2020学年下学期第2周班级管理工作计划								
本周主题：我升中班了　　　班级：中一班　　　时间：3月8日—3月12日								
保教目标	本周围绕主题"我升中班了"开展系列活动： 1.体验升班的自豪感，知道自己是中班的小朋友 2.在集体活动时学会和同伴合作，发生矛盾时愿意承担自己的责任 3.能够大胆地在集体面前表达自己的想法							
每日活动安排	日期	上午			执教教师	下午		执教教师
^	^	教育活动	户外体能活动	区域活动	^	区域活动	户外体育游戏	^
^	星期一	科学：数学活动"认识数字1~10"	体能训练：投掷训练	美工区 建构区 科学区 操作区		嘟嘟超市 操作区 美工区 建构区	投掷游戏"结冰"	
^	星期二	艺术：美术活动"我的自画像"	体能训练：攀爬训练	建构天地		主题活动：升学记	萝卜蹲	
^	星期三	语言：假期的那些事	体能训练：走、平衡训练	绘本馆：故事分享《抱抱》		安全活动：乘车小常识	炒豌豆	
^	星期四	体育活动：趣味轮胎	体能训练：跑、跳训练	美工区 建构区 科学区 语言区		建构区 操作区 美工区 科学区	大松树大柏树	
^	星期五	艺术：音乐歌唱活动"粉刷匠"	体能训练：骑行训练	美工区 建构区 科学区 语言区		嘟嘟餐厅 嘟嘟医院 嘟嘟美容院	猜拳跨步	
家长工作	1.鼓励孩子坚持入园、积极参与幼儿园活动 2.严格遵守疫情防控的接送要求							

3.大班周计划案例

以"我生活的环境"主题为例，结合大班幼儿年龄特点、班级幼儿的实际情况和月主题制订以下周计划(见表2-12)。

表2-12 ◆ "我生活的环境"周计划表

×幼 2020学年下学期第5周保教工作计划						
本周主题:我生活的环境　　　班级:大三班　　　时间:3月29日—4月2日						
保教目标	本周围绕主题"我生活的环境"开展系列活动: 1.认识生活中不同的形状,初步感知长方体的主要特征 2.会区分长方体和正方体,知道正方体是最特殊的长方体 3.引导幼儿运用反义词学习诗歌					
每日活动安排	日期	上午		执教教师	下午		执教教师
^	^	教育活动	户外体能活动	区域活动	^	区域活动	户外体育游戏	^
^	星期一	语言:谈话活动"快乐小屋"	体能训练:投掷训练	美工区 建构区 科学区 操作区		美工区 科学区 操作区 建构区	小袋鼠	
^	星期二	艺术:手工活动"一盘水果"	体能训练:攀爬训练	建构天地:游乐园		主题活动:清明节	城门城门几丈高	
^	星期三	科学:数学活动"幼儿园里的形状"	体能训练:走、平衡训练	绘本馆:故事分享《树屋》		安全活动:如何预防踩踏	编花篮	
^	星期四	艺术:音乐律动"啤酒桶和小老鼠"	体能训练:跑、跳训练	创意空间:小房子风铃		建构区 操作区 美工区 科学区	大松树大柏树	
^	星期五	科学:"神奇的电"	体能训练:骑行训练	美工区 建构区 操作区 语言区		嘟嘟餐厅嘟嘟美容院	两人三足	
家长工作	1.家长督促孩子在家时,勤洗澡、勤换衣、勤剪指甲,养成良好的个人卫生习惯 2.严格遵守接送卡制度,坚持持卡准时接送孩子入园、离园					

从以上案例可看出,周计划以教育教学工作内容为主体,在保教工作、班务工作的安排上更加细致,形成了一定的常规框架,幼儿教师会根据幼儿园一日生活安排具体的工作事宜。

常言道:"计划赶不上变化。"计划在实施过程中存在着幼儿园领导管理水平及幼儿园管理制度的直接影响因素,时间、空间以及家长和社区资源的局限性等这类不确定的间接影响因素。教师只有把握好一日生活时间节点、班级幼儿的行为习惯、发展水平和幼儿的家庭情况等内容,运用有效的教育教学方法,遵循班级管理的原则,才能将班级工作的组织与实施落到实处,以达到计划中制订的目标,或者向更前一步推进和发展。

第二节 乡村幼儿园班级工作的组织与实施、检查与调整

幼儿园班级管理有其特殊性,幼儿园班级是幼儿生活的情境,同时,幼儿的心理和生理特点决定了学前教育的目的不是传授知识,而是对幼儿进行生活管理与教育,促进幼儿的自律与合作,最终促进幼儿的全面发展[1]。《幼儿园教育指导纲要(试行)》的精神要求,乡村幼儿园班级工作的组织与实施应该在有目的、有计划的安排中,有条不紊地展开,为了有效地达到班级管理的目标,教师应进行动态地检查与调整,以适应幼儿及其他班级管理要素的变化,以下就乡村幼儿园班级工作的组织与实施、检查与调整两个方面进行详细阐述。

一、组织与实施

根据幼儿园班级管理的概念界定,幼儿园班级工作的组织与实施主要指将班级中的教师、幼儿、材料、物品、空间、时间等要素进行合理安排,使之具有一定的系统性和整体性,并加以运用以达到预定目的的过程[2]。目前,相关学者指出乡村幼儿园班级管理中存在以下问题:教育内容和模式有小学化倾向,教育课程评价也偏小学化,教育环境的布置偏小学化,还有过于重视保育,而忽略了教育。因此,乡村幼儿园班级管理工作的组织与实施应充分考虑园所发展情况,结合物质环境、精神环境、家长

---
[1] 钟鸣.幼儿园班级管理的策略研究[D].长春:东北师范大学,2010.5.
[2] 唐淑,虞永平.幼儿园班级管理[M].南京:南京师范大学出版社,1999.

教育背景、家长教育理念、社会发展背景等内容进行有效的组织,以达到有效的班级管理,为乡村幼儿的发展奠定坚实的基础。

(一)明确职责分工,做到保教结合

《幼儿园工作规程》对幼儿园教职工提出:"幼儿园教职工应当贯彻国家教育方针,具有良好品德,热爱教育事业,尊重和爱护幼儿,具有专业知识和技能以及相应的文化和专业素养,为人师表,忠于职责,身心健康。"所以,在幼儿园当中,班级工作的顺利完成需要保育老师和幼儿教师同时合作,相互配合。

幼儿园教师主要职责:科学制订工作计划,有序地开展保教工作;注重幼儿的个体差异,做到因材施教,同时遵守工作常规;关注幼儿的安全,科学地创设班级教育环境,还要积极参加教育科研活动;密切联系幼儿家长,实施家园共育;最后是严格执行交接班制度,做好交接工作。保育老师的职责则主要包括:清洁卫生,做好安全防护,管理好幼儿的日常生活以及相关物品,并且贯彻保教结合的原则,配合幼儿教师组织活动等。

(二)合理规划空间,发挥环境作用

环境是幼儿的第三位老师。在幼儿园环境中,幼儿的活动空间主要分为户外活动区域与班级游戏区域,合理的空间规划、充分的空间利用都有助于为幼儿创设适宜的发展环境,由于乡村幼儿园可能存在物质资源缺乏和小学化的情况,教师应集中注意力于户外环境的利用和班级环境的有效创设上。

因此,班级室内的区域活动空间划分时需遵循以下具体原则:

(1)教育性原则:应符合教育教学工作目标、幼儿发展需求和年龄特征,能够促进幼儿的自主学习;

(2)全面性原则:以幼儿为本,幼儿是一个发展的整体,需要为幼儿提供全面发展的机会;

(3)科学性原则:区域数量适宜(根据班级幼儿的发展水平,灵活设置区域,可参考——小班:3~4个;中班:4~5个;大班:5~6个);区域布局科学适宜(大小有别、动静分开、合理利用采光、层次分明);

(4)趣味性原则:注重创造性游戏(如角色游戏、建构游戏、表演游戏)区域的创设,投放的材料应尽可能可操作性强、一物多玩;

(5)互动性原则:注重师幼互动、人与环境/材料互动。

注:区域活动≠特殊课程,区域活动≠学习任务,区域活动≠社会性游戏。

区域活动应是幼儿自主游戏和教师有意引导的游戏活动。在区域活动中,教师不得随意干扰和打断幼儿的游戏,如遇幼儿提出帮助请求,教师应引导和支持幼儿的游戏和学习,在良好的师幼互动中达到教育教学工作的目标。

除了以上原则性的内容,区域划分还需要根据教室环境作出具体规划,还需要考虑物理因素,具体如下表(见表2-13)。

表2-13◆区域划分考虑的物理因素

区域	室内场地	光线	活动状态(动-静)	备注
角色区	场地较宽敞		偏动态	最好便于取水
表演区	场地较宽敞		偏动态	
美工区	可放置桌子	光线明亮	中度	最好便于取水
阅读区	可放地垫	光线明亮	较安静 偏静态	避免干扰 可设置在角落
科学区	可放置桌子	光线好、靠窗、有日照	较安静 偏静态	避免干扰 可考虑与阅读区邻近
益智区			较安静 偏静态	可与科学区结合
建构区	场地宽敞 放地垫		偏动态	可考虑与娃娃家邻近,最好有地毯以降噪

注:以上区域布置,根据班级幼儿人数的具体情况进行安排,美工区、阅读区、科学区、益智区需要较为安静的环境,因此,安排进区的幼儿人数不宜过多,可控制在4~6人次范围内。

(三)合理安排时间,有效组织一日生活

幼儿园的一日生活是指幼儿从入园到离园的整个过程,主要包括三个方面的活动,生活活动、游戏活动和教学活动,每所幼儿园的一日生活安排都不一样,应根据园所情况具体制订,以下为参考案例(见表2-14)。

表2-14◆幼儿一日生活流程表

时间	活动内容	保教工作
7:40—8:10	入园、晨检、晨练	保育老师:幼儿入园前做好室内外清洁工作及开窗通气 教师以饱满的精神、热情的态度去迎接每一位入园的儿童,耐心倾听家长的嘱托、做好晨间检查,组织幼儿晨练
8:10—8:50	早餐活动	餐前做好餐桌的消毒工作,提醒幼儿餐前如厕、洗手,餐后漱口;幼儿进餐
8:50—9:00	餐后整理 生活活动	将桌面、地面等清洁干净
9:00—9:30	集中教育活动	做幼儿的引导者、支持者、合作者,关注幼儿的个体发展,注意收集幼儿发出的信息
9:30—9:40	生活活动	如厕、洗手,喝水,戴帽准备户外体育活动
9:40—10:20	幼儿操 户外体育活动	跟随教师做操,有主题地游戏或自主游戏
10:20—10:40	加餐 生活活动	提醒幼儿餐前如厕、洗手
10:40—11:30	区域活动	提醒幼儿遵守区域活动规则
11:30—11:50	餐前准备 生活活动	餐前做好餐桌的消毒工作;提醒幼儿餐前如厕、洗手
11:50—12:20	午餐活动	营造温馨、洁净的进餐环境,培养幼儿安静进餐、细嚼慢咽、餐后有序整理等良好的进餐习惯
12:20—12:40	睡前准备	班级教师带幼儿散步,保育老师清洁桌面、教室、卫生间等
12:40—14:40	午睡	观察幼儿的午睡情况并做好记录
14:40—15:20	生活活动、午点	提醒幼儿如厕,上床前做好保暖工作,认真做好午检工作
15:20—15:50	户外、自选活动	自主游戏
15:50—16:00	生活活动	提醒幼儿如厕、洗手、喝水
16:00—16:40	户外体育活动	自主游戏
16:40—16:50	餐前准备 生活活动	餐前做好餐桌的消毒工作,提醒幼儿餐前如厕、洗手
16:50—17:20	晚餐	营造温馨、洁净的进餐环境,培养幼儿安静进餐、细嚼慢咽、餐后有序整理等良好的进餐习惯
17:20—17:30	餐后整理 准备离园	提醒幼儿带上自己的书包等个人物品
17:30—18:00	离园	将幼儿逐一带到大门口,交到家长的手中

有的幼儿园一日活动时间安排比较紧凑、具体,有的比较整体、灵活,幼儿园应根据具体的情况调整时间的节点,确保幼儿的一日生活各项环节完整,便于各班教师管理和调节,便于幼儿熟悉和实践。

二、检查与调整

在幼儿园班级工作组织与实施的过程,需进行持续的动态监测,不断地检查班级工作中的问题,以做出适宜的调整,满足幼儿的发展需求。特别是应根据具体的情况,调整班级管理策略,使班级管理人性化、常规培养艺术化;及时更新教育理念,关注幼儿思维的发展;提高教师对教学活动的敏感度,掌握教学机智,帮助幼儿提升能力发展;师幼互动更具亲切性,加强师幼间的情感交流;提升沟通技巧,建立平等的家园合作关系[1]。

(一)检查的内容

(1)工作计划的完成情况:在制订工作计划之后,结合实践中的完成情况对比班级管理工作计划表,认真反思和总结,评估自己的完成情况。

(2)工作时间的执行情况:有具体的上下班时间,能按时打卡,不迟到早退。

(3)资源使用及进度的互配情况:是否依据工作计划投放相应的材料,创设相应的环境来与幼儿进行互动。

(4)问题的整改情况:通过班务会进行自查、互查,及时反思和总结。

检查的内容可以表格的形式呈现,可参考下表(见表2-15)。

表2-15◆班级工作检查汇总表

项目	要求	完成情况
环境创设	教育性	
	适宜性	
	操作性	
一日活动	科学性	
	灵活性	
	适宜性	

---

[1] 贾若涵.幼儿园教师班级管理策略运用的现状及问题研究[D].沈阳:沈阳师范大学,2020.

续表

项目	要求	完成情况
一日活动	活动形式	
	活动内容	
	其他	
一周安排	科学性	
	灵活性	
	丰富性	
一学期安排	丰富性	
	创新性	
班级常规		
师幼关系		
幼儿发展		
教师发展		
反思与总结		
下一步调整方案		

(二)检查的方法

在幼儿园班级工作的检查中,可实行日常检查与定期检查相结合的方式,对以下内容进行检查(见表2-16、表2-17)。

表2-16◆班级工作日常检查表

日期	幼儿出勤率	教学工作	保育工作	区域活动	家园联系栏	其他

续表

日期	幼儿出勤率	教学工作	保育工作	区域活动	家园联系栏	其他

表2-17 ◆ 班级工作定期检查（每两周一次）

日期	幼儿出勤率	幼儿的发展	环境创设进度和适宜性	教师情绪状态	安全环境大排查	家长反馈工作

根据教师在教育实施过程中的具体情况,以幼儿的兴趣点为主,教师应从班级计划执行、班级秩序、班级规则、师幼互动、保教结合、家长参与班级管理等方面[①]及时反思和总结后对计划进行调整,关注工作计划的内容和具体措施。

第三节 乡村幼儿园班级工作的总结与评估

幼儿园班级工作的总结与评估,有助于及时总结经验、发现问题、调整工作。班级教师可以对班级人员的工作、班级计划的完成情况进行全面总结,对幼儿的发展情况进行动态的评估。乡村幼儿教师应结合内在因素和外在因素进行仔细地反思与总结,遵循《幼儿园教育指导纲要(试行)》中提出的内容:"教师要关注幼儿在活动中的表现与反应,敏感地察觉他们的需要"[②],"幼儿的行为表现和发展变化具有重要的评价意义,教师应视之为重要的评价信息和改进工作的依据"[③]。通过对照幼儿在生活活动和教育活动中的表现进行反思,以不断调整改进自己的教育策略和行为,可以很好地促进教师教育能力的提升,促进教师的专业化发展。

一、班级工作总结的内容

(一)班级保教人员工作状态

(1)结合本班幼儿特点和实际发展水平制订班级管理计划,灵活组织和安排幼儿一日生活。

(2)工作中能有机地保教结合,关注每个幼儿生理和心理的变化。

[①] 钟鸣.幼儿园班级管理的策略研究[D].长春:东北师范大学,2010.
[②] 教育部基础教育司.幼儿园教育指导纲要(试行)解读[M].南京:江苏教育出版社,2002.
[③] 教育部基础教育司.幼儿园教育指导纲要(试行)解读[M].南京:江苏教育出版社,2002.

(3)建立良好的班级生活常规和教育常规,建立良好的师幼关系。

(4)严格执行班级卫生消毒工作,每天按照规定的章程清洁、消毒。

(5)保持与家长及监护人的联系和沟通,关注幼儿的成长需求。

(二)班级计划完成情况

1.教育教学工作反思

教育教学工作中应把握主题活动的制订内容,关注以下内容:①了解幼儿当前已有的生活经验;②从主题出发确定主线(可从认知、能力、情感等方面多角度思考);③围绕主线选择适宜幼儿学习的内容;④对所选择的内容进行归类,并运用相适宜的教育形式、途径(包括教育活动、区域活动、户外活动等)[1]。在活动前认真准备活动,提前准备好活动所需的材料和工具,在教学活动中做到目标明确、条理清晰,活动结束后认真反思。有教学评估时,与其他教师轮流进行评课,以促进教育教学工作方法的改进和教育教学质量的提升。

2.游戏观察指导工作反思

在幼儿进行室内游戏和户外游戏时,教师的视线不应离开幼儿,在关注幼儿活动安全的基础上,对幼儿的自主探究和有计划的游戏内容进行观察。如有研究需要,应备有游戏观察记录表,设定观察目的;没有特定需求,应对幼儿进行群体或个体性观察,不应随意干扰幼儿游戏,在幼儿需要帮助的时候,适时介入。对于幼儿游戏时的突发情况,教师应及时进行处理,保证幼儿的健康安全,对全班幼儿的游戏发展水平进行观察后反思和评价,并准备幼儿区域游戏和户外体育游戏的活动计划。

3.环境创设工作反思

环境创设工作中主要关注以下内容:①材料取自身边的资源;②材料应围绕教育活动设置;③师幼共同参与环境创设;④给予幼儿自主选择使用材料的权利[2]。环境是为教育教学活动服务的,需要根据该学期的计划和每个月的主题活动进行及时的调整和变换。在干净整洁的基础上,保证幼儿的身心健康安全,同时促进幼儿的教育教学活动能够顺利开展,也使幼儿能够在幼儿园中保持环境的新鲜感,喜欢幼儿园,请幼儿一起参与创设过程,更有利于幼儿增加班级归属感和成就感。

---

[1]张富洪.幼儿园班级管理[M].上海:复旦大学出版社,2012.
[2]张富洪.幼儿园班级管理[M].上海:复旦大学出版社,2012.

4. 卫生保健工作反思

根据《托儿所幼儿园卫生保健管理办法》(卫生部令第76号)相关内容,教育教学与保育工作应遵循相应的规章要求进行卫生消毒工作,在一日生活的晨检、盥洗、如厕、进餐、消毒等工作环节中,严格要求自己,做好幼儿的观察登记,配合保育老师做好日常保健工作,为幼儿健康成长负责。如遇幼儿突发疾病或特殊情况,应根据《幼儿园突发事件应急预案管理制度》及时解决问题,保证幼儿的健康、安全。

5. 家园共育工作反思

教师应定期家访,并在家长座谈会、家长开放日等家园联系的平台上,积极与家长沟通,以幼儿为本,以幼儿的健康成长为主要话题,引导家长理解与支持幼儿园教育教学工作。对留守儿童的情况多加关注,在心理发展层面上,给予幼儿更多鼓励和支持,在家园共育工作中,为培养幼儿的家庭归属感、幼儿园归属感付出努力,以实际的行动提升师幼交往、幼幼交往空间,促进幼儿身心和谐发展。

6. 安全教育工作反思

教师应严格执行规范的安全制度,严格遵循《幼儿园教育指导纲要(试行)》中:"幼儿园必须把保护幼儿的生命和促进幼儿的健康放在工作首位"的内容。参加安全教育和必要的安全技能培训,学习相关的法律法规,储备相关知识,加强对家长安全意识的教育。关注一日生活中的接送安全,交接班安全,如厕、盥洗、进餐、午睡的安全,室内活动、户外活动的安全。如遇幼儿发生突发事件,对幼儿:及时处理受伤者,保护幼儿的心理,抓住教育契机,对受伤者的身体进行护理;对家长:及时通知家长或监护人,做好安抚家长工作[1]。

(三)班级工作的质量分析及评估

班级工作质量的评价需要依托专业科学的评估标准来进行,每所幼儿园的工作质量评价有不同的情况和标准。根据质性研究和量化研究的分类来看,乡村幼儿园的班级工作质量评价可以以教师教育故事的形式对幼儿的发展和表现进行记录,难度较低,可建立档案资料,以便之后进行信息提取。而量化研究需要更具标准的量表,有具体的班级管理工作内容的划分,需要严谨的评估工具和专业的人员进行评估和总结。以下列举教育教学工作中目标、内容、教师、幼儿四个项目的评价表作为指导参考(见表2-18)。

---

[1] 张金陵. 幼儿园班级管理[M]. 上海:华东师范大学出版社,2015.

表2-18 ◆教育教学工作中4个评价项目的评价表[1]

评价要点		评价等级		
		A	B	C
目标	目标的年龄适宜性			
	目标的可落实性			
	目标的和谐性			
	目标实际的达成度			
内容	内容的年龄适宜性			
	内容与目标的一致性			
	内容的科学性			
	内容的生活性			
	相关环境材料的适宜性			
	内容实际的完成情况			
教师	教师讲解的适宜性			
	教师教学策略的适宜性			
	教师对幼儿的关注			
	教师评价的适宜性			
幼儿	幼儿的投入程度			
	幼儿的互动机会			
	幼儿面临的挑战			
	幼儿的学习习惯			

说明：

（1）目标的可落实性：活动目标是否具体、明确，易于衡量。

（2）目标的和谐性：重点和核心目标是否突出，认识的目标与相关的学习策略、相应的情感目标是否有机地得到反映。

（3）目标实际的达成度：在实际的活动过程中，计划的目标实现程度，以及非计划的对幼儿有重要意义且与活动有有机联系的目标实现情况。

（4）内容与目标的一致性：包含两个方面，一方面是所选内容是否最大限度地包含了活动的目标，内容和目标间的不一致性将直接影响目标的实现；另一方面是内容

[1] 张富洪.幼儿园班级管理[M].上海：复旦大学出版社，2012.

容量适宜性,即活动的内容多少是否最有利于目标的实现。

(5)教师教学策略的适宜性:教师面对特定的教学问题情境,尤其是面对幼儿的学习状况所采用的旨在激励、指导、传授、帮助、启发的具体策略是否合适。

(6)教师总结和评价的适宜性:教师在活动过程中及活动结束后,根据是否需要,开展适当的评价。可以针对个别幼儿,也可以针对小组或全班幼儿,应注重过程中的、情境中的评价。

(7)幼儿互动机会:活动中是否有适宜的幼儿与同伴、与成人的互动机会。但互动也要从需要出发,无实际问题的讨论、没有合作必要的合作都不是适宜的互动。

(8)幼儿面临的挑战:活动过程中幼儿是否获得新的经验,是否面临问题并努力去解决问题,幼儿是否有效运用已有的经验。

二、班级工作总结的案例分析

(一)各年龄段工作总结案例分析

1.小班工作总结案例分析

案例2-1

小班工作总结案例

时光飞逝,转眼一个学期过去了。在一学期的工作中,我们时时以《3—6岁儿童学习与发展指南》为指导,根据小班幼儿的身心特点开展了各项有意义的保教工作,班级幼儿在德、智、体、美、劳诸方面都取得了令人欣喜的进步。

本学期的工作总结如下:

一、班级情况分析

本学期我们小×班有男生×名,女生×名。本班大部分幼儿是第一次离开家庭,开始集体生活。经过了一个学期的幼儿园生活、学习,他们初步养成了良好的生活、学习习惯,各方面得到了很好的发展。班上三位老师团结协作、步调一致,定期召开班务会,力求更好地开展班级各项工作;其次,严格遵守幼儿园各项规章制度,互相配合,取长补短,力争让幼儿在小×班这个温暖的集体中幸福快乐成长。

二、班级工作的成效

1. 生活常规的培养

幼儿离开父母的怀抱,进入幼儿园这个大集体,对自我服务能力方面会有很高的要求。本学期一开始,我们就要求幼儿自己的事情尽量自己做,在家里多练习穿衣穿鞋、上厕所、学会绕水杯带;在园自己穿脱衣服、裤子,自己穿脱鞋子,自己整理书包柜子,绕水杯带,并树立榜样;如厕后能够自己整理衣物,将贴身衣服塞进裤子里,包好肚子等内容。到现在为止,我们班大部分的孩子在生活常规上表现得很棒,个别幼儿还需要继续引导。

2. 安全、卫生保健工作

我班将安全、卫生贯穿到幼儿一日活动的各个环节中,注重对幼儿进行安全、卫生教育,提高幼儿安全自护意识,本学期我班无意外事故发生。其次,疫情防控期间,严格把好洗手关,让每个幼儿学会"七步洗手法",并按步骤认真洗手,养成了良好的卫生习惯,杜绝了传染病的发生,并坚持做好幼儿盥洗、餐点、午睡等环节的工作,及时做好传染病的预防和宣传工作。

3. 创设良好生活环境

幼儿大部分的时间都在活动室里,为了让幼儿有一个宽松、和谐、美好的环境,让幼儿喜欢班级进而喜欢参与活动,我们根据班级主题"圆圆哒"组织活动,创设布置环境,并让幼儿和家长参与到活动中来:"寻找家里圆圆的照片""圆圆变一变、说一说、做一做""班级圆圆小景观"都有家长和幼儿的参与。这样一来,家长也了解我们活动开展情况,幼儿都非常喜欢自己参与过创设的班级环境,课间都能看到幼儿三五成群地围着主题环境墙交流讨论着。

4. 区域活动

作为集体活动之外的有益补充,我们创设了丰富多彩的各区域活动,其中家长提供的"纸杯、纸碗"拼搭颇受欢迎,幼儿的兴趣浓厚;还有"美食馆""生活馆"吸引力也很大,让幼儿能在区角中充分动脑、动手,发展他们的思维能力、交往能力和生活自理能力。

5. 线上开展家园共育工作

现在是网络时代,利用班级群将孩子在园活动中的精彩瞬间通过照片或小视频分享给家长,让家长了解孩子的在园状况,赢得家长的放心与信任,所以我班的出勤率越来越高。

三、家园密切联系,形成教育合力

开展好家长工作是班级管理的重要内容,值得我们重视。一学期来,校园与家园共同合作,形成教育合力,家长也积极配合班级工作。由于新冠病毒疫情的影响,不能很正规地召开家长会,只能借助班级微信交流群,通过班级开展的活动照片及小视频、幼儿园大型活动美篇宣传,与全班家长进行沟通交流,使家长们能够尽量感受和了解幼儿在园的情况以及幼儿园开展的一些活动。

四、存在的不足与今后努力的方向

虽然我们取得了一定的成绩,但也存在一些不足。

比如:个别幼儿依赖性比较大,入园还存在哭闹现象,还需家园合力,让每一个幼儿愉快入园;孩子的生活自理能力还需加强;个别规则意识弱的幼儿还需加强关注与教育;在本班课程主题环境的创设中,如何呈现更为适宜,让丰富的内容与版面的美更好地结合,呈现出我们浓郁的主题及班级文化。

分析

对于小班的教师来说,缓解幼儿入园焦虑是小班年龄阶段的重要工作目标之一,该班教师对工作安排做到心中有数,在教育教学工作中有明确的目标计划。针对小班幼儿的年龄特点开展教育教学活动,不仅能够让家长看到幼儿的成长,还能够培养幼儿良好的习惯,为幼儿中大班的发展奠定基础。除此以外,该班教师非常注重家园工作,把握有度,既符合家长的教育期望,又能够使得家长愿意接受幼儿园的理念,潜移默化地影响着家庭教育理念,为之后两年的家园合作搭建了良好的沟通桥梁。

2.中班工作总结案例

案例2-2

中班工作总结案例

一个学期即将过去了,我们见证着孩子的成长。在家长的全力配合下我们顺利地、愉快地完成了本学期的工作,回顾这个学期的教育教学,我们收获了太多,具体工作总结如下:

一、班级情况分析

本学期维持上学期人数,无变动。经过一个学期的学习与发展,孩子们养成了良好的习惯,也收获了友谊,建立起班级归属感。班上三位老师无变动,工作中团结协作、步调一致,定期召开班务会,力求更好地开展班级各项工作。让孩子在一个健康温馨的环境中成长。

二、班级工作的成效

1. 常规培养

幼儿已经升为中班,对自我服务能力方面会有很高的要求。针对这一情况,本学期一开始,我们就进行家园共育,一同鼓励幼儿自己的事情尽量自己做,让孩子们的自我服务意识刻画于心,真正地形成一种习惯,并安排小值日生,让孩子意识到自己的义务并用自己的实际行动去践行。对孩子的学习习惯也有一定的要求,包括专注力和倾听能力的培养,在别人说话时首先需要学会的是倾听,其次才是表达自己的想法;做事情需要持之以恒,完成了一件事情再去完成下一件事情。

2. 做好安全、卫生保健工作

在幼儿园的一日生活组织中,孩子的安全应当放在首位,安全放心中是我们每个幼儿园老师需谨记的真理。为了营造安全的生活环境,我班将安全、卫生意识贯穿到幼儿一日活动的各个环节中,并利用绘本对孩子开展安全教育活动,注重对幼儿进行安全、卫生教育,提高幼儿安全自护意识,本学期我班无意外事故发生。其次,我们尽心做好幼儿护理,保教并重。如:我们根据幼儿的不同特点,对体弱幼儿进行全面特殊的照顾,及时提醒幼儿喝水;对易感冒的幼儿提醒及时增减衣服;对午睡会尿床的孩子,定时叫起来尿尿,并及时做好传染病的预防和宣传工作。

3. 创设良好生活环境

教师需认真思考是以什么样的身份去和孩子们相处,以正面管教和言传身教的方式去引导孩子,让孩子朝着积极、正向的方向发展。

4. 区域活动作为集体活动之外的有益补充

本学期根据孩子的兴趣和发展需求,共设立了数学区、科学区、美工区、图书角、建构区、表演区六个区角,给孩子提供自由发展的平台。

5. 本学期,我班在园领导和年级组长的指导下,从本班幼儿的实际出发,扎实开展好户外自主游戏活动。本学期初,在活动中我们努力提高幼儿参加活动的积极性,使每一位幼儿都参与到活动中来,让每一位幼儿体验参与游戏活动的快乐;在活动形式上设计得多种多样,同时也让孩子自由选择自己爱玩的、感兴趣的活动,充分尊重孩子自己的选择。

三、家园密切联系,形成教育合力

开展好家长工作是班级管理的重要内容,值得我们重视。一学期来,校园与家园共同合作,形成教育合力,家长也积极配合班级工作。通过召开家长会、家园联系栏、班级群的宣传,拉近教师与家长的距离,用手机记录下孩子们的精彩瞬间并上传QQ群,让家长了解孩子的在园情况,获得彼此间的信任。同时,我们利用早晚接送的时间主动与每一位家长进行沟通,班级里的重大活动如需家长配合,我们会通知到每一位家长,使家长了解各个活动的目的和任务。

四、存在的不足与今后努力的方向

虽然我们取得了一定的成绩,但也存在一些不足。

比如:幼儿的能力表现差异大,学习的积极性、主动性等方面有一定的差距;孩子们的生活自理能力还需加强;对个别孩子的保育工作不够细致,应着重加强保育工作的严谨性;在本班课程主题环境的创设中,加入孩子的想法和作品,让环境与孩子进行互动。

分析

该班教师对幼儿园班级管理的各项内容都有明确的认识和把握,积极完成作为教师的工作任务和职责,强调教师自身的专业素质提升和师德师风建设,为幼儿树立了良好的榜样。关注幼儿安全意识的培养,列入了班级管理工作的重点内容之一。但在教育教学工作中没有重点表现幼儿活动计划的主要内容,中班年龄阶段的幼儿活泼好动,对人与事物充满好奇心,应重点关注中班幼儿学习品质和道德品质的培养,抓住幼儿发展的关键期,开展符合幼儿年龄特点的各项活动,促进幼儿认知、情感、技能三个维度的发展和经验积累。

3. 大班工作总结案例

案例2-3

大班工作总结案例

时间过得很快,转眼间,本学期即将结束,各项工作也接近尾声。通过这一学期的学习,本班幼儿在健康、语言、社会、科学、艺术五大领域方面的学习与发展有了很大的变化。本学期幼儿的身体发育状况良好,身高、体重都有了明显的增长。幼儿的体质状况也很好,出勤率较高。幼儿都能积极地参加各项体育活动,走、跑、跳、钻、爬、平衡、攀登等基本动作发展都较为协调,能基本遵守游戏规则,掌握了一些自我保护基本的方法。为了在以后更好地开展工作,使幼儿在新学期取得更好的发展,特将本学期的工作做以下总结:

1. 教学教育工作

在教学活动中,大班幼儿求知欲旺盛,吸收新的知识也快。在教育教学中,采用探索在前,讲解在后的教学形式,大大激发了幼儿学习的积极性和主动性。幼儿从操作实物卡片到数字小卡片,数学思维能力得到较大程度的提升。有时,我也让幼儿互相检查作业,这样,幼儿等于又多了一次练习的机会,积极性也调动了起来。

本学期幼儿还学会用目测和自然测量的方法来比较物体的高矮、粗细、宽窄、远近、厚薄等;重要的是幼儿学会了将这些知识运用到生活中去,能区分各种形体,学会等分,进一步理解整体与部分的包含关系,提高了幼儿对计算活动的兴趣。在音乐教学中,我特别注重师幼之间情感的交流,努力营造一种平等、宽松、和谐的气氛,以此来激发幼儿对音乐活动的兴趣。教师经常以各种不同的身份与幼儿进行情感交流,在音乐活动中,"我"不仅仅是老师,还可能是其他角色,如兔姐姐、鸭妈妈、小鸟、风等,通过扮演角色、逼真的表演,把幼儿带入音乐作品特定的意境之中。

2. 安全教育工作

安全工作是重中之重,为了减免意外的发生,在日常生活中,我会通过常规活动多教导幼儿一些有关防火、防震、防洪、防电、防拐骗等自保安全知识。例如:在本学期我园开展防火消防演习活动中,我们在幼儿事先不知情的情况下,安排好消防演练内容,试探幼儿的应变能力及幼儿的自救能力。当警钟响起,幼儿们都能服从统一的指挥,用湿毛巾捂住鼻子,听从命令一个跟着一个靠着墙走到空旷安全的地方。在这次活动中,幼儿不仅学会了正确的防火知识,更提高了幼儿在危险发生时的应急能力。另外在日常生活中,我还会时时提醒幼儿要懂得保护自己,不要做危险的事,不做有害的事等;并在发现幼儿做出危险动作的时候及时教育。

3. 保育工作

常规培养方面,我班加强了对幼儿个人的卫生教育。如巩固学习正确的洗手方法,严格督促幼儿用消毒皂洗手。平时勤洗手,勤洗澡,勤剪指甲,勤换衣服,保持清洁的个人卫生。在晨检工作中,注意幼儿当天的身体状况,对身体不适的幼儿及早发现、及时处理。同时我们对幼儿也进行了节假日期间的安全、卫生教育,让幼儿尽量少去人口密集处,减少外出。在进行个人卫生教育工作的同时,对幼儿其他方面的行为习惯教育也未放松。如通过督促教育,幼儿的坐姿好了很多,插嘴现象也明显减少,但仍然需要在下学期继续监督管理,加强幼儿的自控能力。

保健教育方面,首先我们培养幼儿的自我服务能力,如穿衣服、系鞋带、叠被子等,经过本学期的练习,幼儿穿脱衣物的速度快了很多,大部分幼儿都学会了整理自己的床铺,有一部分幼儿也能自己系鞋带,幼儿的自理能力得到了很大的提高。我们还指导幼儿参与一些力所能及的劳动,如擦桌椅、捡垃圾等,同时使幼儿知道要爱护自己所居住的环境,增强了幼儿的环保意识。平时班级内实行值日生制度,为大家分发文具、翻椅子、擦桌子等,让每个幼儿轮流当值,使每个幼儿都能得到锻炼。

4. 家长工作

本学期更加注重和家长的沟通,通过家访和利用幼儿入、离园时与家长交谈及家园联系手册,及时全面地了解每位幼儿的思想变化,并给予及时的建议和意见,更多地组织了丰富多样的家园联谊活动,让家长参与到活动中来,如:六一儿童节、端午节活动等。同时,为了让家长了解幼儿的学习情况,我们还定期将教学进度告知家长,方便家长在家中的教育。家长在配合我们工作的同时也给了我们许多宝贵的意见,我们也虚心接受,做到家园教育的一致,更好地促进幼儿的发展,本班家长对班级工作支持度高,能积极参与园里、班级的各项活动,主动要求多派任务,乐意为班级孩子多做贡献。

5. 不足之处及努力方向

回顾这个学期的点滴，我们和孩子们一起进步，但我们也在反思不足，如：主题活动的产生和开展预设教师干预的多，幼儿生成的少；创设幼儿参与科学小实验的机会不够；活动中教师的观察注重全面性、个别性、深入性不够；个别幼儿的惰性强、依赖性强等。在今后的工作中，我们将继续努力，不放松任何一个环节，扬长避短，将本学期做得不到位的工作加以改善，好的方面继续保持，相信经过我们的共同努力，本班工作将会做得越来越好，本班的幼儿也将得到更好的发展，取得更大的进步。

分析

该班教师在总结时全面而具体，结合了大班孩子的兴趣和发展需要而开展活动，从细节中可以看出教师在进行班级管理工作时的尽心尽责，在各项工作内容中，围绕幼儿的发展，立足于自身，结合家园联系，对幼儿进行了引导和教育。让教师在工作中不断反思，不断调整，在遇到问题时，及时解决，及时反馈，让问题获得最优化处理。应着重关注大班幼儿的认知发展，提升幼儿的学习品质，以便进行良好的幼小衔接。

从以上列举的小、中、大班班级工作总结案例可以看出，幼儿园班级管理工作的总结根据班级具体情况来看，可主要分为基本情况、保教工作、安全教育工作、家长工作等内容，符合班级工作计划的主要内容。在总结中，教师既具有严谨的分析，又具有感性的思考，体现了教师对幼儿负责任的态度和良好的教师职业素养。

三、班级工作总结模板

以下表格从学期工作的基本概括、教育教学工作、安全教育工作、保育工作、家长工作以及在以上工作中的不足与改进措施进行设计，能够帮助教师对班级工作进行全面、系统地总结与反思。从规范园所管理的角度来看，也可以作为班级工作总结的模板以供参考（见表2-19）。

表2-19◆班级学期工作总结表

学期工作总结	
基本情况概述：	
教育教学工作	
安全教育工作	
保育工作	
家长工作	
不足之处及改进方向	

四、幼儿身心发展评估

评价在教育实践中起着有力的杠杆作用，它将左右教育者对人才的期望价值及教育方法。《幼儿园教育指导纲要（试行）》中明确指出教师应自觉地运用评价手段，了解教育活动对幼儿发展的适宜性和有效性。幼儿的身心发展水平是班级管理质量的直接反映，因此班级工作的评估应该以幼儿的身心发展状况评价作为主要内容，以下就如何评价幼儿的身心发展状况进行详细的阐述。

（一）幼儿身心发展评估内容

根据《3—6岁儿童学习与发展指南》的精神，不宜使用统一的"标准"驱赶所有的幼儿去"统一达标"，这与"以人为本"的教育理念是背道而驰的。因此教师在使用评估工具对幼儿进行评估时，应当以发展的眼光、个性化的眼光去看待幼儿的评估过程及结果，不宜简单依照评估结果直接为幼儿"贴标签"，这会极大地伤害幼儿的身心健康发展。针对幼儿园一日活动的各个环节，对幼儿的发展评估有不同的划分，如：幼儿日常行为自信心发展、幼儿合作行为评估、幼儿游戏水平的评估等内容，最常见的就是通过幼儿体检评估幼儿身体发展情况。以下列举4~6岁幼儿日常行为自信心的评定量表与幼儿合作行为教师评定量表以供参考（表2-20、表2-21）。

表2-20 ◆ 4~6岁幼儿日常行为自信心的评定量表[①]

项目	序号	内容	得分	等级标准
游戏	1	选择角色	3	争当主要角色,有始有终完成主要任务
			2	能担任主要角色,常常不能有始有终
			1	经常受别人指派,担任一定角色
	2	发展游戏	3	大胆主动为游戏增添玩具或替代物,并能进行游戏交往
			2	在老师的启发下,为游戏增添玩具或替代物,并能进行游戏交往
			1	在老师的启发下,也不能为游戏增添玩具
	3	建筑游戏	3	坚持独自搭建力所能及的较复杂的物体造型
			2	大多数情况下,能独自搭建力所能及的物体造型
			1	在老师的鼓励和帮助下,才能搭建物体的造型
	4	竞争游戏	3	敢于竞争,碰到困难想办法克服,坚信自己能获得较好的成绩
			2	能参加竞争,在别人鼓励下,坚持到底
			1	不敢竞争,缺乏信心
学习	5	举手发言	3	积极举手发言,完整回答问题
			2	能举手发言,回答问题
			1	在老师鼓励下,回答问题
	6	意愿作业	3	独立大胆完成作业,对自己的作品很欣赏
			2	在模仿别人的基础上,完成作业,有欣赏作品的意愿
			1	在老师帮助下完成任务,对自己的作品抱无所谓的态度
	7	动手操作	3	能选择一定难度的作业,并坚持努力完成
			2	能选择较难的作业,但常常不能坚持努力完成
			1	选择简单的作业
	8	表演活动	3	愉快、活泼、积极、主动地在集体面前表演,赞赏自己的表演
			2	敢在集体面前表演,但不追求表演效果
			1	不敢在集体面前表演
劳动	9	自我服务	3	能坚持自己独立穿脱、添减衣服
			2	在老师的帮助下,能穿脱、添减衣服
			1	依赖他人,穿脱衣服
	10	为集体服务	3	争着为集体服务,较好完成任务
			2	愿意为集体服务,较好完成任务
			1	集体的任务常常不能完成
	11	助人	3	经常能帮助同伴解决困难,认为:我会做,我能做好
			2	有时能帮助同伴解决困难,认为:我能做好
			1	不能帮助同伴解决困难,认为:我不会做

说明:各项分数越高说明幼儿的自信心表现越良好,总体分数较高说明幼儿各方面表现较优,针对单项分数较低的幼儿,教师应该有针对性地培养,加强关注。

[①] 张富洪.幼儿园班级管理[M].上海:复旦大学出版社,2012.

表2-21 ◆ 幼儿合作行为教师评定量表[1]

姓名		性别		年龄		0	1	2	3
1.对权威人士很顺从									
2.容易接受同伴的领导									
3.明显地缺乏领导能力									
4.与同伴相处不好									
5.与同伴不能合作									
6.办事易受挫折									
7.与教师不能合作									
教师评语						≥14分 表示社会合作能力较弱			

说明:"0"表示完全没有此种行为表现;"1"表示有一点此方面的行为表现;"2"表示此方面的行为表现比较明显;"3"表示此方面的行为表现非常明显。

(二)一日活动中对幼儿发展评估的方法[2]

幼儿发展评价的方法是指收集评价信息的方法。幼儿教师所运用的方法,应符合幼儿园教育工作的特点,符合幼儿身心发展的特点,并易于为教师学习、练习、掌握和运用。幼儿发展评价过程和课程、教学整合的过程是一个统一的整体。

主要包括观察法、谈话法等多种研究方法,以下为研究方法的简述:

1.观察法

观察法按照划分的角度不同,可以划分为多种方法。

(1)轶事记录法。

轶事记录法是观察者在日常生活情况下,将幼儿自然表露的行为进行原始、真实的记录,以此来了解幼儿的发展情况,有的放矢地进行教育。以下是一位教师记录的实例(见表2-22)。

---

[1]张富洪.幼儿园班级管理[M].上海:复旦大学出版社,2012.
[2]陶保平.学前教育科研方法[M].第3版.上海:华东师范大学出版社,2014.

表2-22 ◆ 轶事记录法案例表

幼儿姓名:东东(3岁3个月)
时间:11月7日上午9:16分
地点:操作区
事件:东东拿着穿线玩具玩,他先穿了一个椭圆形,一拉绳子,图形片漏了下来。他看了看绳子的尾部,又穿了一次,没拉到头儿时就停住了,他从绳子的尾部和头部两端拉起绳子,连续穿了三个图形片后,左手一拉绳子,三个图形片都漏了下来。他愣了一下,想了想,又穿了一个图形片,从绳子的两头儿拉起,尝试着把绳子的两头儿交叉打结,试了一会儿没有成功,他就拉着绳子的两头向身体内侧甩了起来,看着图形片绕着绳子上下荡着,头也跟着晃动起来

(2)时间抽样法。

时间抽样法是在规定的时间间隔内观察记录预选行为是否出现的方法。主要适用于幼儿经常出现的行为,容易被观察到的外显行为(见表2-23)。

表2-23 ◆ 时间抽样法案例表

观察内容:幼儿自由游戏时每隔5分钟观察被观察者10秒,记录幼儿的行为表现。

姓名	9:00			9:05			9:10			9:15			9:20			9:25			合计		
	T	P	H	T	P	H	T	P	H	T	P	H	T	P	H	T	P	H	T	P	H

说明:T表示幼儿独自游戏;P表示幼儿平行游戏;H表示幼儿合作游戏,教师观察幼儿,判断幼儿的游戏类型,在相应的空格里打"√"。

(3)事件抽样法。

事件抽样法是观察者事先确定观察目的,选择某种或某类事件作为观察的目标,在观察中等待该事件的发生并仔细观察记录事件全过程的方法。运用此方法时,教师要事先设计好观察记录表(见表2-24)。

表2-24 ◆ 幼儿合作行为观察表

幼儿姓名	性别	发生背景或环境	指向对象	动作	语言	出现问题

事件抽样可以让观察者分析幼儿行为发生的因果关系,但不易进行定量分析,如行为发生的频率如何、行为的稳定性如何等。

(4)行为检核法。

行为检核是将要观察的项目和行为预先列出表格,然后检查行为是否出现,或行为表现的等级如何,并在所选择的项目上做上标记。使用行为检核法能够更快速地看到观察的结果,并且能够同时观察更多的孩子,但是它有一个问题就在于无法具体知道被观察者出现这一行为的原因和过程,如果有需要,需要从旁备注记录其他有效信息,辅助分析。

2.谈话法

谈话法是通过与幼儿面对面地交谈收集评价信息的方法。在使用谈话法时要注意,保存、记录资料需要取得被谈话人的同意,如普遍采取的录音方式,在谈话结束之后记得要及时整理谈话资料,可以创新呈现方式。

例如,大班幼儿参观鲜花公司后的谈话记录:

师:我们去鲜花公司看到了什么?

金穗:我看到许多许多花,我看到一些跳舞兰。

师:跳舞兰是什么样子的?

继欣:黄黄的、高高的。

金穗:它是一串串开上去的。

静:看上去它好像穿着黄色的衣服在跳舞一样。

金穗:我觉得跳舞兰好像有点弯弯的。

……

3.问卷调查法[1]

问卷调查法是由评价者根据评价目的,向被调查对象发放问卷调查表,广泛收集幼儿发展信息的一种方法。问卷法更适合在面向教师、家长收集相关信息时使用。

---

[1] 陶保平.学前教育科研方法(第3版)[M].上海:华东师范大学出版社,2014.

如:为了更好地进行班级管理,在小班幼儿入园时应做好基本情况调查,可使用问卷收集信息,以下列举幼儿入园基本情况调查表为参考(见表2-25)。

表2-25◆幼儿入园基本情况调查表①

家长:您好!

  为了能够了解幼儿入园前基本情况,以便幼儿园能够根据每位幼儿特点有针对性地开展教育工作,促进幼儿全面和谐健康发展,特做此项调查。请家长在选择的内容上打"√",并如实填写相关内容,谢谢您的合作。

序号	项目	表现情况			备注
1	食欲	旺盛	一般	厌食	
2	爱吃的食物				
3	不爱吃的食物				
4	会不会正确使用勺子吃饭	会	不会		
5	是否要在大人的提醒下才能入睡	是	不是		
6	平均每天睡眠总时间				
7	会不会自己穿脱衣服	会	不会		
8	最喜欢谁				
9	是否愿意与小朋友一起玩	愿意	不愿意		
10	会说简单的礼貌用语	会	不会		
11	是否怕生	是	不是		
12	敢于在集体面前讲话、表演	敢	不敢		
13	是否怕打针	是	不是		
14	喜欢玩什么玩具				
15	需要哪些特殊照顾				
16	对哪些药物过敏				
17	您对幼儿园的期望				

  下面表格中的方法是对幼儿在不同领域发展情况进行观察时可选用的方法,可供班级教师参考(见表2-26)。

表2-26◆适宜不同领域的幼儿发展评估法

领域	轶事记录法	时间抽样法	事件抽样法	行为检核法	问卷调查法	谈话法
健康	★	★		★	★	★
语言	★		★	★		★
科学	★		★	★	★	★
社会	★	★	★	★	★	★
艺术	★			★		

---

②张富洪.幼儿园班级管理[M].上海:复旦大学出版社,2012.

案例2-4

特色班级管理案例:培养幼儿的归属感

"一玉口中国,一瓦顶成家,家是最小国,国是千万家",在幼儿园中,爱祖国、爱家乡的教育尤其重要,无论是哪个年龄阶段都应当知道,祖国和家乡对我们个人的重要意义。因此,我们可以围绕"归属感"这一主题,根据小、中、大班不同的年龄特点开展不同的主题教育活动。归属感教育有助于促成三位一体的教育局面,让幼儿从小有浓厚的归属感,这是培养爱国情怀的基础,也有助于奠定幼儿人生发展的基石。

(说明:此案例中的安全教育工作内容与常规班级管理一致,不再另行列出。)

一、小班班级管理计划

(一)小班班级管理工作计划

对于小班幼儿来说,幼儿园是一个可以让幼儿获得归属感的地方,也是他们离开父母后需要经历第一次改变与适应的"新挑战"。因此,在培养小班幼儿归属感的时候,需要从幼儿出发,让幼儿在一日生活中感受到老师"妈妈"不一样的关心,建立安全感,为中班、大班时期的学习与发展奠定基础。据此,小班班级管理的工作计划表设计如下(见表2-27)。

表2-27◆小班班级管理计划表

年龄班	工作计划		工作目标
小班	我爱我的幼儿园	保教工作	1. 缓解入园焦虑,入园前进行家访并且召开新生家长会 2. 建立班级常规,举办新生入园适应的主题活动 3. 加强个别教育,注意同伴对幼儿的影响 4. 灵活运用各种直观的教育教学手段开展活动
		班务工作	1. 定期召开班会,保育老师和带班老师根据幼儿一日生活出现的情况进行讨论,包括对幼儿如厕、盥洗、饮水、进餐、睡眠等情况进行详细的记录和熟悉 2. 针对幼儿的特别习惯,耐心引导幼儿,对幼儿没有安全感的表现,如哭闹、过于安静等,给予及时的安抚 3. 开展教育教学活动时控制教学时长,把握教学方法,多给予幼儿多感官体验与认知的机会

续表

年龄班	工作计划		工作目标
小班	我爱我的幼儿园	家长工作	1.熟悉家长情况,记录联系方式 2.定期家访,了解父母的育儿观念 3.记录幼儿的喜好,生活习惯及饮食习惯 4.跟家长协调建立家园共育的桥梁,保证幼儿在园时与在家时有大概一致的生活学习安排,特别树立共同的教育理念 5.和家长及时沟通和确认幼儿的情况,及时解决幼儿在园时出现的问题 6.幼儿园组织家长参与培训或讲座,获得更多的育儿知识

(二)小班归属感教育重点:缓解分离焦虑

入园焦虑是幼儿刚进入幼儿园时最主要出现的问题。面对幼儿园这个新环境,幼儿需要调整自己的生理状态和心理情绪,需要教师给予更多的关注与帮助。

1.教师引导

教师要注意关注每个幼儿在园内的变化,如果有幼儿出现了异常情况要注意引导幼儿,使幼儿在园内能够产生安全感。可以和幼儿一起进行区域游戏,在"过家家"游戏中感受亲子身份互换的乐趣,教师可以以家人的语气在游戏中对幼儿进行安抚与引导。

2.教师观察

教师应在平时的生活中关注幼儿的情绪情感变化,尤其是对父母长期不在身边的留守儿童要给予更多的关怀,让幼儿感受到如妈妈一样的亲切和照顾。同时,教师在一日生活中也需要多留心观察,满足幼儿个别化的爱好和兴趣,帮助幼儿尽快适应新环境,如在入园前的基本调查中,了解班级里的幼儿爱吃的一些饮食,分类别和次数添加到小朋友的饮食当中,使小朋友在幼儿园感受到家一样的亲切和温馨。

3.保育工作

定时对幼儿园的玩具进行清洁、消毒,做好幼儿园环境的卫生消毒工作,保证幼儿身体健康,同时对一些有特殊情绪的幼儿给予特殊照顾,多陪伴、多倾听、多鼓励,与幼儿建立安全的师生依恋关系。组织各项活动帮助幼儿尽快熟悉幼儿园环境,如教师可组织"游园"活动,带领小朋友参观幼儿园,了解自己幼儿园的位置、环境、布置、区域功能等等,感受幼儿园的独特魅力,激发幼儿对幼儿园的喜爱和归属感。

二、中班班级管理计划

(一)中班班级管理工作及目标

随着幼儿生活范围的扩展,他们越来越多地接触到了家庭、幼儿园之外的空间,进而增进了对家乡的认识。教师可以开展一系列的活动,帮助中班幼儿了解家乡、认识家乡,逐步产生对家乡的热爱之情,逐步建立对于家乡的认同感和归属感,因此中班班级管理的工作计划表设计如下(见表2-28)。

表2-28 ◆ 中班班级管理计划表

年龄班	工作计划	工作目标	
中班	我爱我的家乡	保教工作	1.培养幼儿在园的一日常规,特别是饮食和卫生习惯的培养 2.鼓励幼儿帮助他人,如:见到老师、同伴需要帮助时及时帮助,养成良好的礼仪与文明习惯 3.计划组织"爱家乡""我家……"等主题活动,在教育教学工作中,帮助幼儿获得经验积累 4.合理利用家长资源,亲子共同收集各项活动材料,增进幼儿情感体验
		班务工作	1.及时召开班务会,并根据幼儿情况及时进行班内沟通 2.根据个别幼儿的特殊情况做好针对性准备措施 3.记录个案反思,并研讨对应举措
		家长工作	1.家园共育为幼儿营造学习生活环境,感受幼儿园、家庭以及家园的氛围,获得归属感,肯定自己小主人的角色 2.及时进行家园沟通,了解幼儿成长环境,与家长建立家园合作关系,帮助幼儿了解家乡,适应社区环境 3.幼儿园组织家长参与培训或讲座,获得更多的育儿知识

中班幼儿作为大、小班中间一个年龄段,具有十分重要的承上启下作用,在良好的生活常规养成的基础上,培养良好的学习品质是中班幼儿的重要工作。

(二)中班归属感教育重点:培养社会归属感

中班幼儿处于学习发展的关键时期,特别是语言、数理逻辑、创造力等关键能力发展的重要时期,对人和事物有着浓厚的兴趣,通过引导幼儿了解、认知家乡,在活动中从个人层面、家庭层面、幼儿园层面、家乡层面延伸至国家层面,培养幼儿的社会归属感，为幼儿的全面发展奠定基础。因此，中班班级管理工作应保证保教工作中对幼儿常规管理的把控，集中在教育教学工作内容上。

1.教育教学活动

在《3—6岁儿童学习与发展指南》当中关注五大领域对中班幼儿提出的目标要求，针对中班幼儿的品质培养和社会性行为的养成，通过集中教学活动、生活活动，在活动中教师引导幼儿对自己有更深入的认识。基于幼儿的已有经验，抓住幼儿的兴趣点，激发幼儿的表达欲望和表现能力，从培养幼儿的道德品质和学习品质上入手，根据幼儿的情绪反应、行为表现及时进行教学反馈。

2.保育活动

缓解幼儿的分离焦虑是小班幼儿归属感教育的重点内容，也是幼儿开始认识和了解幼儿园的第一步。在培养中班幼儿归属感的过程中，关注幼儿与他人的交往，特别是师幼交往、幼幼交往，是中班幼儿的社会交往、社会礼仪培养的主要内容。在生活活动中，教师引导幼儿主动发现问题，解决问题，并在解决问题的过程中反思，通过帮助教师、同伴逐渐形成良好的亲社会性行为。

3.家园共育

在区域游戏中，教师应该整合家长资源，共同创设与幼儿生活经验贴合的班级环境。同时，在区域环境中，投放多种玩教具材料，及时调整更新区域主题，围绕"我和我的家人""我和我的幼儿园""我和我的家乡""我和我的祖国"开展一系列的家园共育活动、社区实践活动。在家长开放日或者家长会上，强调家园共育的重要性，为良好的班级管理奠定基础，促进亲密的亲子关系发展，为幼儿发掘更多成长平台。家长和教师要成为幼儿的榜样，在为幼儿提供一些简单的任务时，让幼儿可以独立完成，使幼儿的自主性、社会适应性、解决问题的能力得到提高。最重要的是，当幼儿处于更大的社会环境中，幼儿的已有经验可以帮助更好地适应社会环境。

三、大班班级管理计划

（一）大班班级管理计划及目标

对于大班幼儿来说，身心方面的发展都产生了巨大的改变，尤其还会面临进入小学的问题,所以他们的班级工作不仅需要关注学习习惯和学习品质,更重要的是在思想观念上初步奠定他们作为一个社会成员的集体融入感,以及他们作为一个中国人应该具有的自豪感,我们的祖国——中国的概念显得尤其重要,这也是为了帮助他们适应新阶段生活和学习不可缺少的内容。大班班级管理的工作计划目标如下表(见表2-29)。

表2-29◆大班班级管理计划表

年龄班	工作计划		工作目标
大班	我爱我的祖国	保教工作	1.关注幼儿学习品质的培养,包括阅读习惯、专注力、观察力、创造力、逻辑思维能力以及读写能力 2.加强培养幼儿的生活自理能力 3.帮助幼儿认识事物,形成自己的认知经验 4.了解幼儿的个体差异,帮助幼儿改正不良习惯,引导幼儿养成良好的学习习惯 5.做好入学准备
		班务工作	1.安排1~2名幼儿做小班长,完成一些力所能及的工作 2.召开班务会,组织班级教研活动,根据教育教学工作情况,及时调整教学手段和教学方法 3.记录幼儿特殊情况,并提出针对性指导建议
		家长工作	1.加强家园沟通,重视幼小衔接,家园共同关注幼儿的心理状态,帮助出现焦虑的幼儿及时缓解情绪 2.家园共同对幼儿在家、在园的良好表现给予支持和鼓励,帮助幼儿更好地认识自己,培养幼儿的兴趣爱好,并能够坚持练习 3.幼儿园经常组织家园一体化活动,邀请家长参与,加强亲子关系,家长经常带幼儿在户外游戏,陪伴幼儿度过宝贵的时光 4.幼儿园组织家长参与培训或讲座,获得更多的育儿知识

(二)大班归属感教育重点:科学幼小衔接

大班幼儿与前两个年龄阶段最大的不同是即将迎来小学的学习生活,为了防止幼儿可能会产生许多不适应的情况,我们幼儿进入大班时,就应当注重幼儿在幼小衔接当中出现的一系列问题,并及时采取一系列的措施解决大班幼儿可能出现的一些焦虑和不适。

1.教育教学活动

激发幼儿对小学生活的向往,教师可以组织幼儿参观,熟悉小学的校园环境,并且引导幼儿观察小学生上课的情形,比如上课的坐姿、回答问题的行为方式,对比与幼儿园的不同之处,激发幼儿对小学生活的向往。同时,教师可以开展锻炼幼儿手指操作的活动,如贴画、编织、捏泥等,提高幼儿手指的灵活性和耐力,帮助幼儿养成正确握笔写字的能力基础,或者开展一些简易的汉字书写、认识活动,为幼儿进入小学学习做好准备。

2.保育活动

在日常生活中多给予他们生活自理的机会,将生活自理能力、卫生习惯的培养渗透到一日生活当中,对个别有困难的幼儿进行一对一的指导和帮助。同时也可以组织专门的教育活动,加入一些小游戏或者比赛活动,引导幼儿学习整理书包和玩具,为入小学做好生活自理的准备。

3.家长工作

适时调整幼儿的生活、学习作息,幼儿园内可以适当延长活动时间、适当增加课时,并逐步减少睡眠时间。同时,在家庭当中可以选择一些故事性较强的绘本进行亲子共读,常和幼儿谈论关于进入小学的情景,为大班幼儿种下期望和好奇的种子,也可以进一步加强幼儿独立生活能力和劳动习惯的训练,家园共同合作,及时沟通、及时解决、及时调整、及时反馈,达到幼小衔接工作效率的最大化。

四、特色班级评估标准

为了进一步凸显特色班级管理水平和教育教学水平,使特色班级教育成为幼儿园亮点,则需要依据相应的评估标准进行创建,以下列举幼儿园特色班级评估标准作为幼儿园特色班级创建的参考内容。

表2-30 ◆ 幼儿园特色班级评估标准

项目指标	序号	具体内容	分值
理论支撑（10分）	1	特色项目富有一定的理论依据、现实需要和教育价值，实践中具有操作性	5分
	2	积累相应的特色项目理论资料：所创设的特色能根据教师能力、班级实际情况及幼儿的年龄特征	5分
计划落实（14分）	3	特色创建主题明确，有比较清晰的近期和远期创建思路或计划	8分
	4	把特色项目列入班级学期工作计划	6分
环境创设（16分）	5	重视班级环境创设，做到净化、美化，特色氛围浓厚，整体和谐	10分
	6	一日活动各环节中能充分培育和体现师幼的人文素养	6分
课程开展（15分）	7	在日常教育教学中落实相应的课程或活动，时间保证	8分
	8	注重活动后的反思与小结，有相应记录	7分
家园联系（14分）	9	通过各种途径，向家长宣传本班级特色，明确目的和意义	7分
	10	密切家园联系，家长能主动参与到特色创建过程中	7分
特色成果（31分）	11	特色展示活动在一定的区域范围内富有创造性和影响力，得到大家认可	7分
	12	积累丰富的文字、图片及影像等实践资料	10分
	13	积极撰写班级特色相关的论文和案例	7分
	14	有关特色项目的活动、经验、总结在园级及以上的教育活动中获奖或在各级各类报纸杂志发表	7分
总计			

说明：分值越高，特色班级创建效果越好。

第三章
乡村幼儿园各年龄班级的管理

学习目标

◎幼儿园小班的管理。

◎幼儿园中班的管理。

◎幼儿园大班的管理。

◎幼儿园混龄班的管理。

思维导图

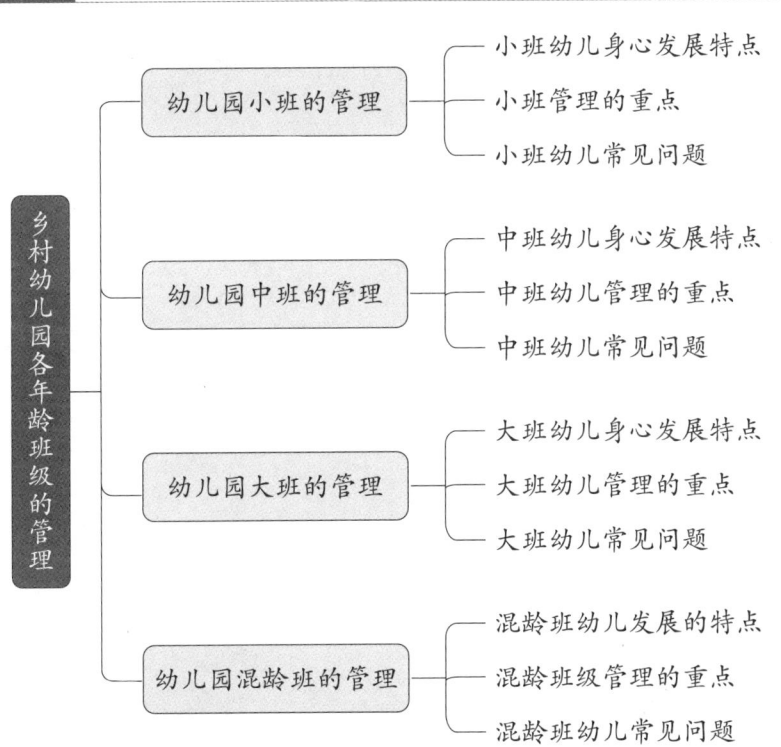

乡村幼儿园各年龄班级的管理
- 幼儿园小班的管理
  - 小班幼儿身心发展特点
  - 小班管理的重点
  - 小班幼儿常见问题
- 幼儿园中班的管理
  - 中班幼儿身心发展特点
  - 中班幼儿管理的重点
  - 中班幼儿常见问题
- 幼儿园大班的管理
  - 大班幼儿身心发展特点
  - 大班幼儿管理的重点
  - 大班幼儿常见问题
- 幼儿园混龄班的管理
  - 混龄班幼儿发展的特点
  - 混龄班级管理的重点
  - 混龄班幼儿常见问题

小案例

我所在的班级是一个混龄班,又到了每个星期带食物分享的时间。每个小朋友都把自己带的东西拿出来分享的时候,班级里最小的孩子笑笑(两岁半)从包里拿出了两颗糖。我看了看今天的小朋友加老师,一共有11个人,我对笑笑说,两颗糖是不够分的,我们下次再拿东西来分享吧。笑笑深情地看看我说:不行,要分享的。这个时候作为班级中最大的孩子老虎(五岁)小朋友跳出来说:我们可以把它泡水之后分享。于是我引导孩子们用热水把糖融化,然后大家分享了糖水。

事后妈妈来接笑笑的时候说到,忘记了今天是周三的分享日,没有给孩子准备分享的食物。原来班级中年龄最小的笑笑,记得分享日,自己从家里面带来了食物。

大思考

①对待混龄班级的幼儿,应当如何处理孩子之间的差异?
②如何评价案例中老师的做法?
③如果你是老师,你会怎么处理,你会与家长如何沟通?

幼儿园中幼儿的年龄跨度是3~6岁,在幼儿阶段,每相差一岁,其身心、认知、情感、社会性发展都会有较大的差异。小、中、大班的幼儿由于身心发展的差异,他们的需要、行为、常见的问题都不同。作为幼儿园老师,需要对各个年龄段幼儿的身心发展特点都有所了解,把握儿童生长发育的规律,这样才能有针对性地开展工作。

第一节 乡村幼儿园小班班级管理

小班是进入幼儿园的第一年,刚入园的幼儿容易出现分离焦虑、适应困难、在陌生的环境中不知如何与其他幼儿相处的问题。小班的班级管理是幼儿园工作中重要的一环,在小班开好头,培养儿童的良好习惯将为他们后续的生活和发展奠定良好的基础。

一、小班幼儿身心发展特点

小班幼儿一般是指3~4周岁的幼儿。在幼儿出生到3岁这三年时间,他们学会了独立行走,习得母语并基本能够实现通过语言进行沟通交流,可以表达自己的需要,并且能够听从家长和教师的指令完成简单的活动,这为幼儿进入幼儿园奠定了基础。

(一)小班幼儿的身体发育

3岁男童标准身高为96.8厘米,标准体重14.65千克,3岁女童标准身高95.6厘米,标准体重14.13千克。在大肌肉运动方面,3~4岁的幼儿已经掌握走、跑、跳、投掷、拐弯等动作。在手部精细动作方面能够自己解纽扣,自己倒水,能够叠起9~10个方形积木块,自己用勺吃饭。

婴儿出生时大脑重约400克,到3岁时增长到1000克,可见,0~3岁是大脑增长最迅速的时期。2岁后的幼儿脑神经纤维开始出现分支,随着年龄增长,神经纤维分支继续增多、加长,为形成更复杂的神经网络提供了物质基础。幼儿脑结构的成熟使脑的技能也发展起来,皮质兴奋和抑制过程均有所加强,条件反射也容易建立且比较容易巩固。这一过程具体显现为3岁孩子的学习过程明显快于年龄更小的孩子,这也为幼儿进入幼儿园进行集体的活动与学习奠定了基础。

(二)小班幼儿的心理发展

1. 认知发展

儿童认知发展包括了感知觉、注意、记忆、思维、想象以及语言的发展。

感知觉方面,小班幼儿的视觉辨别能力基本发展完善,能够分清各种基本颜色。听觉方面在3岁时已经基本发育完善。在时间知觉上,能够理解"昨天、今天和明天"这样比较具体的概念,但是对"过去、现在和未来"这样的抽象概念还不能很好地理解。空间知觉上,对"上下"和"前后"的理解较好,对"左右"还比较混淆。在观察方面,3岁幼儿的观察力刚刚萌芽,只能停留在表面肤浅的观察上,观察也不具有目的性,常常会随着观察过程发生转移,观察的兴趣常常会替代成人要求的观察目的。例如,成人让幼儿寻找图画中某个特定的物体,但是幼儿常常会去寻找自己喜欢的东西而不是成人指定的物体。

注意力方面,小班幼儿仍以无意注意为主。小班幼儿容易被颜色鲜艳、生动形象的物体吸引。注意力维持时间大约3~5分钟,注意转移、分配的能力都很差,容易被无关的刺激分散注意力。因此,在对小班幼儿进行教育时候一定要关注幼儿注意发展的特点,使用幼儿喜欢的活泼生动的形象来引导幼儿集中注意力。

记忆方面,小班幼儿主要以无意识记、机械记忆为主。与注意类似,幼儿容易记住生动形象的事物,如动画片的卡通形象。在小班幼儿的记忆中值得关注的一个点是,幼儿能够背诵不代表他们可以理解,小班幼儿的背诵可能是机械的,他们可以背诵许多唐诗,但不一定能够理解诗歌要表达的意思。

思维发展方面,小班正处于由知觉行动思维向具体形象思维发展的阶段。3岁前的幼儿主要是依靠动作进行思维。这一阶段的幼儿可能还带有动作思维的特点,动作停止,思维可能也会停止。但随着语言能力的发展,他们逐步从直觉行动思维向具体形象思维发展,开始借助事物的形象来进行思考。他们会根据事物外部的表现进行思考,如因为觉得月光比较温柔称月亮为"月亮姐姐"。随着语言发展,我们经常会观察到小班孩子会一边说话,一边游戏,尤其是在进行建构游戏的时候,他们可能会嘴上说"小的要放在大的上面,先放这个正方形,最后是三角形",这种语言是用于支撑他们思维的内部语言,他们会把思维的过程直接说出来。在概念掌握方面,3岁左右的幼儿主要掌握那些生活中的具体概念,如身边常见的物体、水果、家具等,但是对抽象概念如道德、时间等等不太熟悉。

想象发展方面,3岁左右幼儿的想象没有预定目的,容易被当前情境所影响,所以想象的主体不稳定。当幼儿自由作画时常常是想到什么就画什么,或者眼前看到什么就画什么。值得关注的是,幼儿可能在头脑中会有一个"想象中的朋友",这个朋友在现实中不存在,是孩子丰富想象的产物,老师和家长并不能看到这个"朋友",当孩子提起自己的这个"朋友"(例如,孩子说有个小熊跟他说了什么)的时候,也不要过于紧张,这是幼儿发展过程中的正常现象。

语言发展方面,3岁左右的幼儿基本学会了母语,但是可能部分语音的表达还不够标准。3~4岁是词汇发展的飞跃期,可达1000~1100个,孩子掌握的词汇中名词、动词占绝大多数,主要是与自己生活相关的名词和动词。3~4岁的孩子还不太会使用代词,常常用自己或同伴的名字代替"你、我、他"。在句法方面,小班幼儿已经能使用简单的句子表达自己的想法,但他们说出的句子可能是不完整或者有语病的,例如句子没有主语,或者用词颠倒。例如他们可能把"宝宝想吃饭"说成"宝宝饭吃"。3岁左右的幼儿还会出现一种"自我中心语言",这是一种随着动作和游戏而进行的自言自语,它不是用来进行沟通的语言,而是一种用来支持思维的语言,例如幼儿在进行建构游戏的时候,会自言自语说:"这个小的木块要放在大木块上面,盖好下面之后我们给它放上屋顶。"这种"自我中心语言"配合动作一起引导了幼儿的思维。

2. 情绪和社会性发展

(1)情绪发展:小班幼儿已经有了同情心和荣誉感。

同情心:小班幼儿已经具有了一定的同情心,但是他们不会表达自己的同情,甚至可能会做出一些不恰当的举动。如冬天的时候孩子可能会往鱼缸里面倒热水,因为他们觉得鱼很冷,需要暖和一点。

荣誉感:小班幼儿能够理解荣誉感,但是他们对荣誉感的理解是局限在自己的身上,如运动会获奖之后,获奖班级的小朋友会非常高兴,但是他们是觉得自己得到奖牌或者站在领奖台上很开心,内心并不一定清楚集体荣誉感是什么。如果是某一个小朋友代表班级比赛获奖了,台上的小朋友会很高兴,但是台下没有参加比赛的同一个班级的小朋友可能会很伤心,觉得为什么不是自己站在台上。

(2)社会性发展：小班幼儿自我意识和社交技能都有了一定的发展。

自我意识的发展。自我意识是指主体对自身特性以及自身与他人及周围事物关系的认识。包括对自己的思想、言行、身体、外貌、内部状态、人际关系等方面的认识，如自我感觉、自我评价、自尊心等。在2~3岁幼儿能够叫出自己的名字以及掌握了代词"我"的时候产生了真正的自我意识。在幼儿期，语言的发展使幼儿能够谈论主体自我，即他们自己的主观体验。随着主体自我的日渐稳固，幼儿会把更多的注意力放在客体自我上，从而形成了"自我概念"，也就是个体认为能够界定他们自己的一整套品质、能力、态度和价值观。

自我价值感的萌芽。"自我价值感"是自我概念的重要方面，在儿童中期开始出现，它是我们对自己的价值判断，以及相应的情绪体验。到4岁时，幼儿会有几方面的自我判断，比如针对幼儿园的学习、结交朋友、与父母的关系、对他人是否友好等。

社会性交往。幼儿在入园之前都在家庭中生活，交往对象主要是家庭成员。入园后交往的中心开始转移到同伴和老师身上，他们对社会行为以及如何与同伴相处的知识是通过与同伴、老师交往习得的。幼儿在刚入园的一段时间，还处于自我中心阶段，主要关心的是自己，而不是其他同伴，通过一段时间的集体生活和交往以及教师的引导，幼儿开始相互交往，并逐渐习得一些助人、分享、合作的行为，同时也会产生一些争抢、攻击等不良行为。

二、小班管理的重点

（一）引导小班幼儿顺利入园

小班幼儿入园时从家庭生活转换到园区生活，幼儿面对环境的变化，必然会产生焦虑、恐惧等情绪。虽然成人能够意识到幼儿园学习是促进幼儿健康成长的重要途径，但是幼儿本身不一定能够理解。他们被送进幼儿园的时候可能会产生"爸爸妈妈不要我了"的想法，在幼儿园产生哭闹、生气，甚至是绝食等负面的行为。因此在入园之前，需要进行一些准备工作。

1.幼儿园的准备工作

（1）召开家长会。

向新生家长介绍幼儿园，同时对家长提出有关幼儿教育方面的要求。如让孩子自己穿脱衣服,自己大小便,给孩子安排与幼儿园一致的作息时间。也需要交代家长不要用"再不听话我就送你去幼儿园"之类的语言恐吓孩子,这样会让孩子对幼儿园产生恐惧心理。要多给孩子讲讲幼儿园的趣事,例如"会有很多小朋友陪你一起做游戏"来激发幼儿入园的愿望。

(2)组织家长参观幼儿园。

有条件的地区应当开展入园前的适应性学习,如带领家长和幼儿参观幼儿园,进行半日的适应性训练等,让幼儿了解幼儿园是什么样的地方,知道在幼儿园里面自己做什么,这样能够有效地降低幼儿的恐惧感。

(3)提高教师的专业能力。

面对新入园幼儿的哭闹,教师首先需要改变意识,理解这是正常的现象;在行为层面对哭闹的孩子应该以安抚和引导为主,而不是恐吓孩子,跟他们说"再哭爸爸妈妈就不要你了",这样恐吓性的语言也许能让孩子停止哭闹,但是会唤起他们内心更深层的恐惧以及对幼儿园、对教师的厌恶,严重的甚至成为一生的阴影。

2.家长的准备工作

(1)培养孩子的自理能力。

幼儿在家得到的照顾是较为细致的,家长可以一对一地照顾幼儿,但是在幼儿园老师和保育员无法达到家长那样细致程度的照顾,在入园之前,家长需要有意识地培养幼儿自己喝水、如厕、穿脱衣服等行为。

(2)培养幼儿的规律作息时间。

入园前,尽量按照幼儿园一日生活的作息时间安排幼儿的生活,这样能够有效地帮助幼儿快速适应幼儿园的生活节奏。

(3)按时接送幼儿。

在幼儿刚入园的一个月,家长一定要保证及时地接送孩子,让孩子获得安全感,知道父母每天都会来接自己。顺利入园,需要家长和幼儿园双方的共同努力。

(二)引导小班幼儿树立安全意识

幼儿在家期间安全问题主要是由家人负责,在家庭中往往会有人时刻陪伴孩子,但是在幼儿园,一个班级往往有十多个甚至更多的孩子。入园之后,教师需要对幼儿进行一定的安全指引。

1.园内活动的安全教育要点

以幼儿能够接受的方式制定班规,例如,引导幼儿走楼梯时靠右走,不跳、不跑、不推、不攀爬扶手;吃饭时不讲话,不能边玩边吃饭;不在园内追逐打闹。对幼儿的教育应当融入一日生活活动中,通过游戏的方式引导幼儿学会遵守安全规则。对幼儿的教育一定要使用幼儿能够接受的方式,例如使用绘本《不要跟陌生人走》告诉幼儿陌生人的东西不能吃,不要跟陌生人走;《着火了怎么办》让幼儿了解有火灾时要拨打火警电话119,并指导幼儿进行火警演练,自救时猫腰走,用湿毛巾捂住口鼻;《生病了》帮助幼儿了解急救电话是120,生病要配合医生打针、吃药;《今天我当家》帮助幼儿理解不要随便给陌生人开门,报警电话是110;《小狗喝粥》告诉幼儿热汤热粥要等稍冷之后再吃,避免烫伤[①]。幼儿刚进入幼儿园,对于如何保护自己,如何防护的知识非常欠缺,除了专门组织活动进行安全教育之外,更需要教师在一日生活中抓住契机进行随机教育。例如,有孩子会将手指伸到插座孔中,这时候教师就需要及时制止并对其他幼儿进行警示教育。

2.园外活动的安全教育要点

除了园内安全之外,也需要教给幼儿一些在幼儿园外自我保护方面的知识,尤其是在农村地区的幼儿园,幼儿活动范围较大,需要引导幼儿避开危险区域,如不在水塘边玩耍,避让车辆,不要去逗弄狗或其他大型牲畜等。培养幼儿的安全意识不是一朝一夕之功,教师和家长需要持之以恒地坚持,不仅让幼儿知道哪里有危险,更应该让幼儿知道怎样远离危险,如何在遇到危险的时候保护自己,帮助幼儿健康快乐地成长。

(三)帮助小班幼儿适应幼儿园生活

幼儿入园之后,面对环境的改变,周围人和事物的改变会出现种种不适应。这种不适应是无法完全避免的,只能通过幼儿园和家长的共同努力帮助幼儿降低不适应感,尽快适应幼儿园生活。通过上文提到的入园前的家长会、参观幼儿园等活动可以让幼儿入园前对幼儿园有一定的了解,甚至对幼儿园的生活产生向往,这样就能降低幼儿入园时的焦虑程度。入园后,需要幼儿园老师努力帮助幼儿快速适应幼儿园生活,可以做到以下几点。

[①]周敏.浅谈培养小班幼儿安全意识的几点策略[J].中国科教创新导刊,2010(09):213.

1.用心交流,关注情感需要,友好接纳幼儿

刚入园的小班幼儿对老师、同伴以及幼儿园的环境都是陌生的,在这样的环境中他们会感觉到不安全,会紧张、害怕。第一步就需要帮助幼儿消除这种恐惧,关注他们的情感需要。晨间接待环节就显得尤为重要,家长送孩子来幼儿园,教师应当友好地与孩子打招呼,最好面带微笑,拥抱孩子,越是年龄小的孩子,与他们的肢体接触,就更容易让他们感受到友好和亲近。比如,现实生活中就有孩子晨检的时候更愿意去微笑的老师那里,而不愿意去不微笑的老师那里,这是由于幼儿大多通过外显的行为推断教师是否和善,所以,每天早晨用微笑和温暖的怀抱迎接孩子能够有效降低孩子的焦虑感。离园环节也是同样的,幼儿走的时候老师要引导幼儿互相道别,同时微笑着用"明天老师在这里等你哦""你一定要来哦"等等语言快速与孩子建立信任感。当孩子信任老师之后,就能在这个新的环境中获得安全感,从而愿意到幼儿园[1]。除了入园和离园两个环节外,教师在日常用语中也需要关注幼儿需要,并注意低声细语,让他们感受到友好。例如,在幼儿尿裤子的时候,不要指责他们,应当把幼儿带到没有人的角落,安慰孩子"裤子湿了,你一定很难受吧",然后尽快帮孩子更换裤子。在幼儿做错事情的时候告诉他们"错了也没关系,再想想可以怎么做,要不要老师帮助你?"教师的包容与理解,幼儿都能感受到,慢慢地他们就会亲近老师,愿意去幼儿园,愿意与教师相处。

2.培养幼儿之间的友谊

在入园之前,幼儿主要在家庭中生活,很少有同龄的朋友。在幼儿园中,教师应当引导幼儿学会接纳其他幼儿,一起玩耍,学会合作,学会分享。例如开展"玩具分享"活动,让每个幼儿带一个自己的玩具与其他幼儿分享,分享的过程中,幼儿体验到愉悦,从而能够理解分享的意义。组织一些需要幼儿合力完成的活动,如拔河、共同搭建大型积木等,幼儿共同完成一项活动后的愉悦感也能帮助他们理解集体荣誉感,学会合作。通过一段时间的相处,幼儿会交到好朋友,能够体验到上幼儿园的乐趣,从而积极主动地想去上幼儿园。

(四)以生动有趣的方式培养小班幼儿的常规习惯

1.运用贴切的比喻进行常规管理

由于小班幼儿的年龄特点,小班幼儿控制力很差,思维的发展是直觉行动思维为

---

[1]夏凤芹.关注"需要",帮助小班新生尽快适应幼儿园生活[J].科学大众(科学教育),2018(3):87,153.

主,因此,幼儿理解能力往往是很直接很表面的,具体形象的。在引导幼儿坐姿上,可采取很贴切的比喻,如:坐好了就说成是小脚关门了,小手粘上胶水了。形象的比喻幼儿很容易理解,也很容易做到。

在对全班幼儿的分组上,通常用数字1、2、3等代替,而这种分组方法用在小班就是很难的,幼儿不能理解。教师可采取水果分组法对幼儿进行分组。因为,水果是幼儿平常生活中常见的,又是幼儿喜欢的物品。所以,用水果把幼儿分成香蕉宝宝、苹果宝宝、菠萝宝宝、西瓜宝宝等,并在幼儿的桌子上贴上水果标记,这样幼儿一看见自己的标记,就知道自己是什么组的,也便于教师有序管理。

在美术活动中,常规管理显得更为重要,尤其是拿放笔盒的常规习惯。可把水彩笔比喻成笔娃娃,笔筒比喻成娃娃的帽子,在第一节美术活动中,先教幼儿认识水彩笔盒,告诉幼儿笔娃娃在睡觉,拿出笔娃娃时,要用劲取出。并用取帽子和戴帽子的比喻,让幼儿反复练习养成拿放习惯。由于水彩笔的颜色较多,教师可以循序渐进地增加颜色。开始时,教师可以先提供红、黄、绿、蓝四种,然后逐渐增加到6种色彩,接着再增加到12种。这样便于教师管理,幼儿也能更好、更快地养成常规习惯。

2.运用情景的创设进行常规管理

由于幼儿的注意力容易转移,对他们感兴趣的东西,他们就容易接受,并且接受很快,反之,幼儿注意力不集中,就会影响教学的常规,甚至出现混乱的教学秩序。

在教学中可利用小班幼儿这一年龄特点,尽量采用情景式的教学,如在音乐欣赏中,如果只是单纯地放音乐给幼儿欣赏,教师不做引导则很容易让幼儿失去兴趣。在选择音乐的时候首先就应该选择节奏鲜明,律动感比较强的音乐,例如欣赏《动物狂欢节》系列音乐的时候,就可以有意识地引导幼儿模仿动物,乐曲《大象》是低音提琴伴奏主旋律,塑造大象笨重而高大的形象,乐曲《袋鼠》节奏欢快活泼,节奏较快,包含跳动的音型和变奏和弦,表现出袋鼠的跳跃[1]。通过节奏、旋律的不同,可以让幼儿分别来扮演袋鼠和大象,通过拍手的方式感受大象和袋鼠不同的走路节奏,让他们在情景化的扮演中体验到音乐节奏和旋律的美感。

尽管教育活动的途径、形式、方法是多种多样的,但是情景式教育管理是小班最有效的方法之一。情景式的教学管理不光在艺术教育领域中可以进行,还可以在体育活动、语言、科学等教学中进行。总之,采取情景式的教学管理方式在小班是非常适用的、有效的。

---

[1] 江晓梅,王忠香,夏星海,等. 农村隔代养育儿养育及营养状况调查[J]. 中国妇幼保健,2010.25(9):1241-1242.

3.情感交流与肢体语言相结合,创造愉快、宽松的心理环境,使常规管理声情并茂

大家都知道,在《幼儿园教育指导纲要(试行)》中多个地方都提到,"建立良好的师生同伴、关系,让幼儿在集体生活中感到温暖……""教师的态度和管理方式应有助于形成安全、温馨的心理环境……"这些都充分显示了愉快、宽松的心理氛围对幼儿的重要作用,同时这也是建构良好常规的基本前提。

小班幼儿年龄小,在他们入园以前,主要接触的是家庭中的人,包括爸爸、妈妈、爷爷、奶奶、保姆等,当他们来到幼儿园,发现好多不熟悉的人和事物,便会产生一种分离焦虑。他们会哭闹不止,或不接受老师的帮助等行为,这时如果用一些身体的语言如抱抱他们、亲亲他们、与他们握握手,每天多和他们谈心交流,哪怕是一个小小的微笑,也能让孩子们感受到老师的关爱。渐渐地孩子们就会经历不接受老师——接受老师——喜欢老师——离不开老师这一历程。

通过与孩子们的情感交流,孩子们会越来越喜欢老师,孩子与老师之间建立的信任与安全关系,是教师开展常规管理工作的基础。

(五)关注隔代养育问题

在农村地区,父母外出打工,子女随老人在家的情况十分普遍。在2010年一项对农村隔代养育的调查中发现,祖辈的文化程度较低,科学育儿知识匮乏;隔代养育儿和非隔代养育儿比较,贫血患病率差异有统计学意义,即隔代养育儿患贫血的人数显著多于非隔代抚养儿;隔代抚养儿营养不良的发生率也高于非隔代养育儿。

在心理发展方面,隔代教养中老人溺爱幼儿和迁就容易使孩子产生自我中心意识,形成自我、任性等不良个性。祖辈一手包办,事事依着孩子,无原则的溺爱迁就以及过分的保护使得孩子容易产生"自我中心"的意识,觉得别人为自己做什么都是应该的,久而久之会让孩子形成不良的性格。过分保护也会遏制孩子的独立能力和自信心的发展,增强了孩子的依赖性,容易使得孩子变得娇气。在祖父母庇护下的孩子容易出现两个极端:一个是极端胆小怕事、不合群、寡言少语、应变能力变差、性格内向;另一个极端则是放纵欲强、专横跋扈、难以管理,在家里是小霸王,到了外面却毫无独立能力,碰到问题,只知道躲到大人的身后寻找保护,从而造成生活能力低下。祖辈深受传统思想的束缚,接受新生事物较慢,在价值观念、生活方式、知识结构、教育方式等方面往往跟不上信息社会的进步。他们的观念较为陈旧,与社会联系开始减少,知识面相对狭窄,不容易接受新鲜事物,对科学育儿理念也不够了解,仍沿用老

观念要求孩子、教育孩子,无形中阻碍了孩子接受新思想、新知识,以获得身心全面发展的进程。他们对于孩子的破坏行为、尝试行为等一切具有冒险和创新性的探究行为会更倾向于去阻止,在某种程度上遏制了孩子的独立能力和自信心的发展,影响孩子创新个性的形成①。

隔代教育除了不利因素外,也有一些积极影响,祖辈老人有大量时间来照顾幼儿,他们有养育孩子的经验,对幼儿发展过程中的一些问题能够妥善解决。祖辈老人在社会中积累了大量的经验和感悟,这些经验对幼儿健康成长可以发挥积极作用,如口口相传的故事、传说、歌谣都能够对幼儿起到积极的教育作用。祖辈老人自身经历丰富,总体上心态比年轻人平和,这有利于舒缓幼儿的压力,为幼儿营造出一个相对宽松的成长环境②。

隔代抚养是农村避不开的现状,对于这些由祖辈照顾的孩子,老师应当多加关注,借用幼儿园及社区资源,帮助以祖辈带养为主的家庭在养育儿童中扬长避短。如,可以请一些有经验,教育方式较好的祖辈来介绍他们的教育思想和观念;同时也可以组织村中的祖辈们参加家长学校的学习,向他们介绍科学育儿观念;也可以邀请那些熟悉民间传说、故事和歌谣的老人到幼儿园开展活动,争取家园形成合力,共同教育好幼儿。

三、小班幼儿常见的适应性问题

(一)分离焦虑

幼儿入园时因为第一次和家人分开,会出现大哭大闹,拉住大人的手不放,吵闹着要回家的问题,这是与依恋对象分离引发"分离焦虑"的表现。这在小班刚入园时是不可避免的问题,但是若成人给予幼儿适当的帮助和引导则可以在一定程度上缓解分离焦虑。在入园前家长应该有意识地培养幼儿的独立性,同时幼儿园也应当与家长合作,让幼儿能够参观幼儿园,体验幼儿园生活,这样可以在一定程度上减少分离焦虑。

---

① 黄祥祥,论隔代教育与儿童心理的发展[J].经济与社会发展,2006,4(04):203-205.
② 田静,隔代教养对幼儿心理发展的影响[J].文学教育,2015(23):107.

(二)生活习惯不适应

不少幼儿在入园前没有形成良好的生活习惯,如作息时间不规律,想睡才睡,睡够才起;不会自己穿脱衣服,不会自己吃饭,做什么事情都要成人陪同等。面对这样的问题,一方面是入园前应当告知家长幼儿园一日生活的安排,让家长尽量按照幼儿园的一日生活安排幼儿的生活,并培养他们穿衣、吃饭等基本的生活能力;另一方面,幼儿初进入幼儿园时,由于生活环境的改变,规则的增加也会导致孩子觉得处处受限受约束,很不自由,从而出现一些哭闹、逃跑、不吃饭、不午睡等问题。在一定程度上,这些问题只能减轻,不可能完全避免,幼儿园方面也需要对小班的老师进行专业培训和心理建设,让老师在遇到这些问题的时候有一定的心理预期,能够耐心安抚幼儿情绪并进行引导。

(三)出现攻击性行为

幼儿在家通常都是家庭的中心,在家中自我中心习惯了之后,在集体生活中可能会出现争抢玩具不让他人玩耍、在游戏中霸道,输了游戏就耍赖与人打架等现象。幼儿的性格问题主要受到家庭教育的影响,在家中受到关注太多,有求必应的孩子等到了幼儿园之后可能就会产生不适应。不少家长片面地认为孩子年龄还小,等他们长大了就好,所以在家过分宠溺,并不注意培养孩子良好的习惯,这些被过分娇惯、溺爱、纵容的孩子入园后就很难适应集体生活,不受纪律约束。在入园前的家长会,幼儿园应当引导家长培养孩子的良好习惯,不要过分溺爱孩子。入园之后教师也需要对孩子的合作、礼让等行为进行引导。

(四)出现"说谎"行为

幼儿两岁半至三岁时就会讲十分完整的谎话。幼儿撒谎并不完全是负面的行为,这是由于孩子很难区分出现实和想象所致。这时期孩子的谎言大多数是源于活跃的想象力、健忘等原因。例如,孩子非常想要一个玩具娃娃,第二天可能会跟同伴说爸爸给自己买了一个玩具娃娃,但实际上并没有,这就是把愿望和现实混淆了。另外,孩子第一次有意义的说谎行为是他成长过程的一个重大进步,孩子说谎标志着他的想象力在迅速发展,谎言需要编造,这就需要想象力,孩子要编造谎言就需要构想一个不存在的事情或者设想自己是另外一个人。例如,一个孩子假装家长给校长打电话说:"马校长,我的儿子亨利生病,不能来上学了!"马校长说:"哦,这样啊,你是谁啊?"电话里回答:"我是我爸爸。"这个故事很生动地展示了儿童因为社会性发展不足而导致说谎时易"露馅"的特点。心理学家李康研究了幼儿撒谎的原因,他发现3岁左右幼儿撒谎的原因主要是为了赢得竞争[①]。可见,撒谎是和幼儿社会性发展密切相关的,无论是教师还是家长都需要仔细分辨幼儿撒谎的原因,而不是武断地认为他们品行有问题。

第二节
乡村幼儿园中班班级管理

进入中班的幼儿已经形成了基本的生活常规,能够适应幼儿园的集体生活。随着年龄增长,他们的理解能力也进一步增强,能够完成更复杂的活动,同时也能够配合老师完成一定的班级管理工作。但是随着自我意识的发展,幼儿在中班时期自我意识发展明显,他们可能会出现更多的告状、争抢的行为,这也为中班的班级管理带来挑战。

一、中班幼儿身心发展特点

(一)中班幼儿的身体发育

幼儿进入中班以后,生长发育速度减慢,进入一个相对平稳的阶段。中班时期的幼儿骨骼肌肉系统还在发育过程中,骨骼富有弹性,可塑性大,肌肉的力量和耐力较差,易疲劳。心脏发育迅速,5岁时幼儿的心脏重量约为初生时的五倍。大脑仍继续发育,大脑皮层的功能日趋完善,皮层下中枢神经对行为控制的能力逐渐增强,大脑神经纤维的髓鞘化也在逐步完成的过程中。

4岁儿童在运动速度、灵活性方面已经有了一定的发展。精细动作发展进入了发

---
①李康.小朋友是怎么学会撒谎的?[J].当代教育家,2018(6):30-33.

展最快的时期,动作的协调成分增加,多余动作减少,他们开始学会系鞋带、使用筷子进餐等等。在大肌肉动作发展上,中班幼儿能自由摆动双臂,会上下肢协调,轻松地跑;能够摆脱成人的帮助自己做出多种形式的跳;能踮脚尖向前或者后退走,会在平地上拍皮球。

(二)中班幼儿的心理发展

1.认知活动具有具体形象性

幼儿期儿童的思维具有具体形象的特点,其中在中班最为典型。中班幼儿主要依靠事物的具体形象、表象及对表象的联想进行思考。例如,中班幼儿需要借助具体形象理解数字概念,如3只兔子、4个糖果、5根香蕉等。幼儿在分类的时候也主要是根据自己的生活经验进行分类。

中班幼儿的语言能力迅速发展,其中词汇量增长最快,但对词义的理解带有明显的形象性与动作性特点,常常受知觉情景左右。中班幼儿说的句子比小班幼儿更长,在4~5岁时,句子会包含5~7个词,可能是陈述句、否定句、疑问句或者祈使句。

具体形象性的特点也体现在中班幼儿的记忆、注意等认知活动中。幼儿记住形象的物体比单独记忆诗歌的效果好,对于教师演示过的动作他们能够快速地学会。

2.中班幼儿的情绪发展

识别和解释他人情绪的能力在整个儿童期一直稳步提升。到4~5岁时,幼儿能够准确地推断一个人是否高兴、愤怒、悲伤,他们依据的是其身体运动的表现。幼儿也能够预测玩伴表达了某种情绪之后接下来可能干什么。他们也会使用有效的方法来缓和他人的消极情绪。父母对幼儿情绪理解能力的发展有重要影响。共情能力在这时期变得更加普遍,他们会对被欺负的小动物表示同情,并以表情、语言、动作来表示内心的情绪。中班幼儿具有了一定的表达能力和移情能力。中班幼儿情绪发展具有不稳定、不易控制的特点,如看到动画片中小动物被坏人追捕会忍不住喊出声来:"快跑啊,坏人来啦。"

二、中班班级管理的重点

(一)引导幼儿自觉遵守幼儿生活常规

中班时期的幼儿责任意识和任务意识开始萌发,中班幼儿开始能够接受任务,而且坚持性行为的发展在整个幼儿期发展是最迅速的。这时候教师可以引导幼儿自觉遵守班级常规,例如安排值日生工作,被安排的幼儿会非常有责任感地早早到幼儿园,先把桌椅擦得干干净净,又和老师一起分发玩具;下课带领小朋友做游戏,看到小朋友之间的纠纷也会主动劝导;吃完饭后主动收碗,擦桌子。

在帮助幼儿建立生活常规方面可以参考以下方法:

1. 示范、模仿法

在运用这一方法时,教师需改变以往单一说教的形式,以及"不准这样""不准那样"的戒律,采取有趣的教育方法,让幼儿在看看、做做中主动、自觉地学习。

比如,学习抹椅子时,教师可先用对比的方法激发幼儿对抹椅子的兴趣,出示两张椅子,一张干净,一张脏,问幼儿:"你喜欢哪一张椅子?怎样使椅子变干净呢?"然后,教师示范抹椅子,让幼儿掌握抹椅子的方式:"拿一块抹布放在椅子上,将抹布对折后再对折,变成一个小正方形。小手抓牢抹布,先抹椅面,从外向里抹,再抹椅背椅腿,最后抹横档。"(强调要蹲着抹,抹布的一面脏了可以换另一面)然后请幼儿来练习抹椅子。

2. 巧用文学作品

儿歌是儿童文学作品中的一种体裁,短小精悍,且读起来朗朗上口,易记,在对幼儿进行生活常规教育时可以使用儿歌来引起幼儿的兴趣。也可以利用故事、图片、木偶戏等文艺作品对幼儿进行生活常规教育和管理。

比如,在洗手的时候,我们教幼儿一边洗一边念儿歌:"搓搓搓,搓手心。搓搓搓,搓手背,换只手再搓搓搓,甩三下,一二三,关好水龙头,擦干手指头。"这样儿童在不知不觉之中根据儿歌引导的步骤学会了洗手方法。

3. 在游戏中学习

幼儿喜欢在有趣的活动中接受教育,而游戏则是对幼儿进行常规教育的良好手段,因此可以充分利用教学游戏和创造性游戏对幼儿进行生活常规教育。对幼儿进行规则教育最好在游戏中进行,中班开始幼儿可以较长时间(40分钟左右)玩一个游戏,能够根据规则来开展游戏。在游戏中如果有人违反规则,其他的幼儿会指出,在这样游戏的过程中幼儿开始理解什么是规则,并学会遵守规则,也能够指出违反规则的同伴。

比如,开学初,教师组织幼儿玩"找朋友"的游戏,让幼儿在各种图中找出自己喜欢的标志图做朋友,并贴在茶杯和毛巾架上,使幼儿很快地记住自己的标志,学会用自己的茶杯和毛巾。

4.利用强化原理塑造行为

为了提高幼儿的自信心和学习兴趣,可在班里开设"宝宝学会了"专栏,把每个小朋友的照片贴在专栏里,教师根据这个阶段对幼儿生活常规的要求进行评价记录。如小朋友学会了自己吃饭、不挑食,就在吃饭那一栏里画一个五角星;如小明能遵守睡觉的规则,就在睡觉那一栏里画一个五角星等。这样,既记录了幼儿的表现,同时又鼓励了幼儿上进,提高了幼儿的自信心。小朋友为了争取做好宝宝,努力认真地遵守各项常规。

5.个别教育

在教育的过程中,教师要研究影响幼儿遵守规则的原因和幼儿生理、心理上存在的差异,而情绪、经验、疲劳或环境则构成破坏规则的因素。教师要根据不同孩子的不同情况有针对性地进行教育。

(二)调动中班幼儿参与教育活动的积极性

中班教育活动中应当考虑以下方法:

1.教育活动与教育常规的渗透

教师在确定中班幼儿教育目标,制订中班教育工作计划时,均要有明确的常规管理目标与计划,即将教育常规管理的目标与计划纳入教育目标及计划之中,避免教育的盲目性和随意性,增强常规管理的目标和意识(见表3-1)。

表3-1 ◆ 中班幼儿社会领域发展目标

	目标1 愿意与人交往	目标2 能与同伴友好相处	目标3 具有自尊、自信、自主的表现	目标4 关心尊重他人
人际交往	1.喜欢和小朋友游戏,有经常一起玩的小伙伴 2.喜欢和长辈交谈,有事愿意告诉长辈	1.会运用介绍自己、交换玩具等简单技巧加入同伴游戏 2.对大家都喜欢的东西能轮流分享 3.与同伴发生冲突时能在他人帮助下和平解决 4.活动时候愿意接受同伴的意见和建议 5.不欺负弱小	1.能按自己的想法进行游戏或其他活动 2.知道自己的一些优点和长处,并对此感到满意 3.自己的事情尽量自己做,不愿意依赖别人 4.敢于尝试有一定难度的活动和任务	1.会用礼貌的方式向长辈表达自己的要求和想法 2.能注意到别人的情绪,并有关心、体贴的表现 3.知道父母的职业,能体会到父母为养育自己所付出的辛劳

续表

	目标1 喜欢并适应群体生活	目标2 遵守基本行为规范	目标3 具有初步的归属感
社会适应	1.愿意并主动参加群体活动 2.愿意与家长一起参加社区的一些群体活动	1.感受到规则的意义,并能基本遵守规则 2.不私拿不属于自己的东西 3.知道说谎是不对的 4.知道接受了任务要努力完成 5.在提醒下,能节约粮食、水电等	1.喜欢自己所在的幼儿园和班级,积极参加集体活动 2.能说出自己家所在地的省、市、县(区)名称,知道当地有代表性的物产或景观。 3.知道自己是中国人,奏国歌,升国旗时能自动站好

(资料来源:教育部《3—6岁儿童学习与发展指南》)

教师要避免两种倾向,一种是在教育活动中只注重认知的发展而忽略了幼儿的常规管理;另一种是只注重集体教育活动的常规管理而忽略了游戏活动中的常规管理。如在集体教育活动中注意维持秩序,提示幼儿按顺序发言,但是在游戏活动中则比较散漫,让幼儿自行玩耍。

2.制定中班幼儿行为规则

建立合理必要的规则,可以对幼儿的行为进行外部制约,使之趋于规范。中班幼儿进入幼儿园集体生活已经一年,对集体生活的规则已经基本能够适应。中班幼儿的行为规则可包括幼儿一日活动作息制度,幼儿行为规范,幼儿值日生制度,活动区规则等。

中班幼儿活泼好动,求知欲强,稳定性差,因此,需要教师科学合理地安排幼儿的活动实践和内容,使幼儿的生活有条不紊,使教师和幼儿明确什么时间做什么。中班幼儿一日活动作息制度应该符合以下几个要求:(1)时间分配的结构应该包括有利于幼儿身心发展的全部活动,时间顺序应该动静交替,室内外平衡;(2)活动分配上,有组织、有指导的活动与自选活动,安静活动与运动型活动,个人活动、小组活动、集体活动要有一定的比例;(3)作息制度应富有节律性和重要性,又有连续性和顺序性,不使幼儿产生生理和心理疲劳;(4)作息制度还应考虑地区、季节、气候的特点等。如(见表3-2):

表3-2◆中班幼儿一日活动作息制度

昆明学院附属幼儿园一日活动安排表(中班)	
7:55—8:10	幼儿入园
8:10—8:20	餐前准备
8:20—8:50	香香的早餐
8:50—10:00	生活活动,课程游戏活动
10:00—11:20	户外体育活动
11:20—11:50	香香的午餐
11:50—12:00	餐后散步
12:00—14:30	甜甜的午睡
14:30—15:00	起床,午点
15:00—15:40	游戏活动(课程游戏或区域游戏)
15:40—16:20	户外游戏
16:20—16:30	餐前准备
16:30—17:00	愉快的晚餐
17:00—17:10	离园准备
17:10—17:20	离园

幼儿行为规范,教师可以对照中班幼儿的教育常规要求,结合本班幼儿的实际情况进行制定,可以以儿歌的形式教给幼儿,如儿歌《三轻轻》(轻轻说,不吵闹,轻轻走,不奔跑,轻轻做,不打扰,从小文明习惯好)就是一首帮助幼儿养成常规习惯的儿歌。相关幼儿行为习惯的儿歌已经很多,教师可以根据自己的实际需要在网上搜索使用或者搜索后结合实际情况进行一定的改编之后使用。

值日生制度,因为中班幼儿已经表现出一定的独立性和计划性,有了一定的责任感,可以安排中班幼儿做值日生,明确值日生的职责,培养幼儿对同伴的关心,培养他们对集体负责的意识。

中班值日生可以包含但不限于以下职责:

(1)协助老师进行晨检和点名。

(2)照料班级的植物。

(3)协助教师收发玩具。

(4)做好开饭准备,摆好餐具。

(5)调解同伴之间的矛盾。

(6)协助教师整理各个区角的物品。

对于班级的各个区角,也可以制定相应的规则,如阅读区、建构区、娃娃家等,教师可以根据实际情况建立恰当的规则。

其他规则,除了显性规则以外,教师需要针对幼儿的实际情况制定规则。如幼儿争抢玩具发生冲突,教师可以让幼儿先自己协商,自己解决不了再报告老师。教师要注意观察,同时表扬那些能够自己解决冲突的幼儿,慢慢地,班级的告状现象就会减少,幼儿解决问题的能力也会逐渐提高。

3.营造良好的班级氛围

《幼儿园教育指导纲要(试行)》提出:"环境是重要的教学资源,应通过环境的创设和利用,有效地促进幼儿发展。"在班级环境的创设中应该注意以下几点:

第一,创设优美的物质环境,给幼儿以美的享受,使幼儿在美的环境中赏心悦目,陶冶情操,心情舒畅,能更有效地接受教育。对于农村地区的幼儿园来说,并不是一定要学习城市幼儿园的布置,可以因地制宜地使用当地的材料进行布置,美并不一定意味着贵,因地制宜地选择材料,为幼儿创造一个美好的环境即可。

第二,创设班级物质环境应充分考虑幼儿的兴趣、需要和发展,鼓励幼儿参与环境设计与创造。教室是幼儿与教师共同生活的环境,也需要幼儿共同参与管理。

第三,应合理安排幼儿的活动空间,注意安全性,使幼儿处于宽松自如、秩序井然的环境中,以减少攻击性行为的出现。

除了班级的物质环境之外,也需要注意班级的精神环境建设,主要包括教师之间的关系、师幼关系、幼儿的同伴关系等。积极健康、轻松愉快、尊重信任的人际关系会给幼儿的心理产生积极的、潜移默化的影响。教师一言一行都是幼儿模仿的对象,如果教师之间能够和睦相处,幼儿内心也会萌发团结友爱的思想,但是教师之间如果关系紧张,经常闹矛盾,幼儿也会受到负面情绪的影响,难以处理同伴之间的矛盾。

师幼关系是班级中最重要的人际关系。建立相互信任,相互尊重的师幼关系能够使幼儿感到安全、温暖、宽松、愉快,有利于幼儿的生活、学习和成长,还能使教育发挥最大的效益和功能,促使幼儿全面发展。

三、中班幼儿常见问题

(一)争抢玩具

4岁左右的幼儿表现出明显的"自我中心"的特征,他们的行为和认识会出现脱节。在询问幼儿他们是否应该合作、分享、帮助时,绝大多数中班幼儿可以做出肯定的回答,这说明他们对于合作性行为已经有了一定的认识,但是在真实的情境中,他们不一定能够展现出合作行为。面对自己喜欢的玩具,他们通常选择自己玩耍而不是跟同伴分享,这就可能引发争抢玩具的行为。面对这样的情况,老师可以使用游戏的方式来教幼儿进行玩具的分享。例如,请几组幼儿到前面来表演如何和好朋友一起玩玩具,表演两个甚至更多个孩子要玩玩具的时候如何解决问题,例如"轮流玩""一起玩"或者通过其他的方式如"抽签"或者"石头剪刀布"来决定让谁先玩。

(二)注意力欠缺

中班幼儿的注意力集中时间一般为10分钟左右,这个时期的幼儿注意力很容易受一些无关的刺激物影响,例如窗外有洒水车经过,或者有小动物跑过都会分散他们的注意力。4岁左右的幼儿大脑皮层前额叶迅速地成长,他们也萌发了任务意识。这一时期的幼儿能够做计划,但做事情没有什么先后顺序。即使幼儿做了计划,在实施的时候也会步骤错乱,教师应当对幼儿抱有宽容的心态,理解幼儿在执行步骤上的错误,可以温和地提醒他们,但切忌对幼儿发火或严厉批评。

(三)爱告状

4~5岁幼儿思维具有自我中心的特点,这种特点也就使得他们在思考问题的时候总是从自己的角度出发而不能够很好地理解其他人的想法。他们可能会发生前文说的争抢玩具的行为或者其他的争执,他们在发生争执的时候往往就会通过告状的方式来解决。面对幼儿的告状行为,教师可以使用与解决争抢玩具问题类似的方法来解决幼儿告状的问题。

第三节
乡村幼儿园大班班级管理

进入大班,幼儿的思维发展已经有明显的进步,能够较好地理解教师的要求并能够积极地配合。大班阶段班级管理需要侧重于培养幼儿的集体荣誉感和责任心,让他们理解集体的意义与价值,为他们下一步进入小学学习奠定基础。同时,大班也需要关注幼小衔接的问题,培养他们的学习兴趣,塑造良好学习习惯,让他们对进入小学学习做好心理上和习惯上的准备。

一、大班幼儿身心发展特点

(一)大班幼儿的身体发育

1.身体机能发育

大班幼儿身体发育较婴儿时期减慢,身高每年增长约4~7厘米,体重每年增加约2千克。大班幼儿骨骼富有弹性,可塑性大,受压易弯曲变形或骨折。幼儿要注意坐姿,以免脊柱不良变形。关节韧带较松,关节的臼、窝较浅,要避免悬吊、大力拉扯,容易造成幼儿脱臼。

大班幼儿乳牙钙化程度较低,组织结构脆弱,易受损伤,要注意营养及养成良好的口腔卫生习惯,预防蛀牙。部分幼儿从大班开始换牙,要引导幼儿不要用舌头舔刚长出的新牙,不要咬铅笔、尺子等硬物以免牙齿排列不齐。

大班幼儿心脏肌肉层较薄,心脏容量较小,心脏负荷较差,所以不能进行太长时间和强烈的活动;呼吸道也较为窄小,肺的发育程度较差,容易出现呼吸道感染。可以通过体育锻炼来提升肺功能。另外,免疫功能还不太成熟,容易感染各种传染病,要做好日常的班级卫生和消毒工作。

2.大脑及神经系统发育

大班幼儿的大脑重约1250~1300克,已近接近成年人的脑重量(1400克)。这时期脑结构已经相对成熟,表现为神经系统容量增大,纤维的分支增多、伸长,大脑联络神经纤维的髓鞘化基本完成,皮层功能有明显的发育,大脑皮层的各区也接近成人水平。大班幼儿兴奋性增加,睡眠时间逐渐减少,每天睡眠需要十个小时左右。大班幼儿的抑制过程得到了一定发展,他们能够安静地坐下来听故事或者参加某一项游戏,并控制自己的行动。但此时大脑的兴奋和抑制过程仍然不平衡,兴奋过程仍然强于抑制过程。大班幼儿第二信号系统发育增快。随着幼儿语言能力的发展,词汇量不断增加,幼儿可以利用语言对外界事物进行概括,抽象逻辑思维开始萌芽。不过此时第二信号系统的活动较弱,需要与第一信号系统结合进行训练。

(二)大班幼儿的心理发展

1.语言发展

语言发展基本完善。大班幼儿已经基本掌握本民族全部的基本语言,词汇量约4000个,此类范围扩大,对词义的理解加深。能够无障碍地与成年人进行交流,可以看图讲、编故事。大班幼儿的"内部语言"产生,这正是一种既无声,又无字形作为物质外壳,不具备实际功能,只为自己所有,用于支持个人思维过程的语言。由于内部语言具有分析、综合和自我调节的功能,所以大班幼儿的行为具有了一定的自觉性和计划性。

2.思维发展

抽象思维能力萌发。在皮亚杰认知发展理论中,大班幼儿属于前运算阶段的直觉思维阶段,是知觉活动阶段向运算思维过渡的阶段。总的来说,大班幼儿的思维仍然以具体形象思维为主,但是出现了类别概念,他们能够从多个角度进行分类。大班幼儿对左右、整体与部分的包含关系、数量守恒等抽象概念有了一定的认识。

二、大班班级管理的重点

(一)社会性发展方面

1.培养幼儿的集体意识

大班幼儿已经有了一定的集体意识。幼儿园是幼儿生活中所归属的第一个集体,经过小班、中班两年的集体生活,他们对于集体的认识不断增强。集体主义情感是一种积极的道德力量,它对幼儿个性、社会性及道德品质的发展有重要影响。集体感的产生是幼儿社会性发展的重要里程碑,对幼儿将来进入小学学习具有重要意义。幼儿的集体感体现在各种日常生活活动中,教师可以通过一日生活活动、游戏等培养幼儿的集体感。可以从以下几个方面进行观察和教育:

是否缺勤,热爱集体的幼儿很少缺勤、迟到,并且表现得很快乐。是否关心集体中的其他成员。幼儿是否能够关照其他幼儿,是否可以礼让玩具等是幼儿集体感的重要表现。教师需要注意引导幼儿关心他人。是否为集体做贡献,教师需要从基本的日常活动中引导幼儿,例如共同动手打扫教室,布置教室环境,共同照顾班级的花草和动物等。集体性的体育运动如拔河、接力赛等能够有效地帮助幼儿体验集体荣誉感。

2.培养幼儿的责任感

责任感是人对自己言行所承担义务持认真和积极主动态度而产生的情绪体验。幼儿的责任感主要表现为认真完成别人交给的任务。幼儿从中班开始已经萌发了一定的任务意识,到大班之后可以承担一些简单的任务,如分发餐具,值日收拾玩具等等。不仅让幼儿在活动中获得责任感,同时也让幼儿在未能完成过程之后体验到羞愧,这是幼儿道德培养的重要一步。

(二)幼小衔接及入学准备方面

从幼儿园进入小学,幼儿需要面对生活环境、活动形式、家长要求、师生关系等等方面的变化。在幼儿进入大班之后需要有意识地对幼儿进行培养。在幼小衔接准备中需要把握幼儿身心发展的辩证统一,不可忽视健康和身体素质的培养。入学准备是全面的素质准备,包括身体、学习和社会适应性等方面。

把握智力与非智力、能力与态度的辩证统一,侧重点应该放在主动性培养上。无论是身体准备、入学适应性准备和社会性适应准备,首要的是儿童本身的主动性。如果儿童缺乏主动的态度,就得不到较好的发展。强制也可能一时奏效,但最终是不能成功的。很多孩子进入一年级后出现的适应性问题并不是学习问题,而是生活自理问题,例如不会整理书包,上课找不到需要的文具或书本。

把握幼儿兴趣与教师指导的辩证关系,侧重点在培养幼儿的学习兴趣上。幼儿的活动往往从兴趣出发,没有兴趣的事情很难调动他们的积极性。如果缺乏指导,幼儿的兴趣就仍然停留在被动地由外界事物的表面特点所左右,不会产生较强的、持久的主动学习兴趣。因此,教师对幼儿兴趣的指导是必要的,这实际上是培养幼儿的学习动机。从客观规律上看,幼儿园大班末期的幼儿已经有可能产生探索和思考的兴趣,如果教师因势利导,结合教学和日常生活引导幼儿提出问题和自己寻找答案,可以培养幼儿旺盛的求知欲、上进心和学习兴趣。

把握具体与抽象材料的辩证关系,侧重于抽象思维的提高。进入一年级幼儿需要从具体形象思维向抽象逻辑思维过渡。小学阶段教师多使用问题文字和符号进行教学,孩子需要面对很多抽象的语言和较为概括化的指令,为了适应这一变化,幼儿园需要与小学进行一定的沟通,在大班进行教学的时候教师应当提高语言和教学内容的概括性,在大班的教学语言中提高概括性。

三、大班幼儿常见问题

(一)缺乏独立性

大班幼儿应当具有一定的独立性,教师在日常的一日生活及游戏中都需要培养幼儿的独立性。如午睡自己穿脱衣服,自己盛饭、收拾碗筷,让"自己的事情自己做"的意识植入幼儿脑海。在家园合作中,与家长进行沟通,让幼儿学会自己收拾书包,自己刷牙洗脸,从点滴行动做起,培养幼儿的独立性。在幼儿园的活动中,尽可能放手让幼儿自己组织,自行活动,产生问题的时候让幼儿自己解决,如果幼儿不产生危险,不告状,教师不需要介入。在问题解决完毕后教师可以对幼儿进行一定的引导。

(二)规则意识欠缺

幼儿园的管理相对较为温和,上课下课的时间也较为有弹性,但是上学之后的规矩就更为刻板,很多幼儿初入一年级存在上课坐不住、讲话等问题。在幼儿园期间应当有意识地培养幼儿的规则意识,幼儿犯错之后需要承担相应的责任。幼儿需要知道对自己的行为付出代价。对于大班幼儿,让他们在活动中自主制定规则,并以活动的方式帮助他们更好地理解规则的作用。让他们明白如果大家不遵守规则游戏将无法进行。

幼儿具有爱模仿的特点,通过榜样也能够有效地教给幼儿规则。教师本身就是幼儿模仿的榜样,教师在对幼儿进行奖惩之后可以让幼儿进行模仿,可以使用角色扮演、讲解示范等方法让幼儿模仿教师或者成人去处理问题。通过这样的活动有助于帮助幼儿理解规则把规则内化。

第四节
乡村幼儿园混龄班班级管理

混龄班是指将年龄相差12个月以上的学前儿童编排在一个班级里学习、生活、游戏的一种教育形式。农村幼儿园因为师资有限,还存在大量的混龄班。混龄班级由于幼儿年龄构成较为复杂,幼儿身心发展不一致,这就对教师的管理提出了挑战。但是教师也可以利用年龄差异,发挥幼儿相互模仿,以大带小的作用。

一、混龄班幼儿的发展特点

农村混龄班大多是由于条件有限、师资生源不足等现状造成的,但是混合班合理恰当地组织也能较好地促进幼儿身心发展,也具有一些同龄班级不可比拟的优势。

(一)混合班幼儿的身体发展特点

幼儿时期是身体发育最迅速的时期,大龄幼儿和低龄幼儿会有较大的身高和力量的差异。混龄班中的幼儿扩大了自己的接触面,需要与不同年龄的幼儿交往,教师需要对年龄较大幼儿进行引导,让不同年龄的幼儿找到适合自己的立足点。有研究表明,幼儿喜欢比自己大二三岁的同伴教导,其学习效果并不比教师或其他成人直接指导得差。幼儿喜欢模仿那些能力、年龄与地位比自己高的同伴,在混龄班级中,教师应当努力营造一种大带小、小促大的氛围。

(二)混合班幼儿的心理发展特点

混龄幼儿班级3~6岁的幼儿总体上思维发展都处于皮亚杰认知发展的前运算阶段,以具体形象思维为主,但不同年龄的幼儿思维仍然存在着差异。3岁左右的幼儿从动作思维过渡到具体形象思维,逐步开始形成概念,但是观察能力、自我控制能力都比较弱。4~5岁时,能够有意识地支配自己的感知活动,掌握一定的观察方法,做事情的意识增强。注意的稳定性也随年龄不断增长,3~4岁幼儿注意稳定性为5分钟左右,4~5岁幼儿可以保持10分钟左右,5~6岁幼儿能够按成人的要求去组织自己的活动,并能初步排除干扰,保持稳定的注意。

2~3岁的儿童开始出现自我意识,到了3岁以后儿童开始出现感知自己内心活动的意识,4岁以后内部语言逐渐完善,开始出现了对自己认识活动和语言的意识,也就开始对自己进行自我评价。

幼儿阶段的情绪总体上容易激动、变化,外露而不稳定,易受外界情景所支配和周围人、环境的影响。在幼儿后期,情感的稳定性和有意性有所增强,产生了一些较稳定的情感,且开始具有一定的控制能力。学前阶段幼儿具有较强的"自我中心"意识,尤其是4岁左右的幼儿自我中心意识较强,容易与其他幼儿产生矛盾冲突。

幼儿期突出的性格特点是活泼好动、好奇好问,自制力较差,模仿性强等,开始产生参加社会实践活动的需要。但是能力有限,还不可能真正参加。这是3~6岁幼儿阶段心理发展的主要矛盾,而游戏是解决这一主要矛盾的最好的活动形式,它最有利于促进幼儿身心的发展。

(三)正确看待混合班幼儿的差异性

农村混龄班级的形成主要受制于客观条件,有一定的劣势,但是混龄班级也有自己的优势,正确看待混龄班级能够帮助教师有效组织教学活动。

由于幼儿年龄不同,身心发展存在着差异,不同年龄的幼儿兴趣,爱好各有不同。小班的幼儿喜欢洋娃娃,中班幼儿喜欢建构游戏,大班可能喜欢角色扮演,不同年龄的幼儿在一起可以各取所需,在一定程度上减少矛盾冲突。

混龄班级的幼儿由于年龄有一定的差距,较大的幼儿认知能力较强,能够担任游戏的组织者和领导者的角色,年龄较小的幼儿也乐意与跟他们年龄相仿的幼儿玩耍,由于较大的幼儿在认知、社会性发展方面都优于低龄幼儿,混龄幼儿的相互交往能够有效地引导低龄幼儿发展。

二、混龄班级管理的重点

(一)安全管理

混龄班由于幼儿年龄差距较大,可能会面临不同的安全问题。年龄较小幼儿食道狭窄,在吃饭饮水时尤其要注意细嚼慢咽,不可在进餐或饮水时讲话、打闹以免食物呛入气管。大龄幼儿有身高和力量的优势,幼儿在嬉戏打闹的时候出手的力度易控制不住,教师要对幼儿进行引导,避免出现打架受伤的问题。

(二)生活管理

混龄班对幼儿的日常生活可以采取分组管理的方式进行,对不同年龄组的幼儿提出不同的要求。对于年龄较小及新入园的幼儿首先要求他们熟悉并适应幼儿园的生活,养成良好的生活习惯,如按时吃饭、睡觉,饭前便后洗手,足量饮水,大小便能够自理。对于年龄较大的孩子除了需要有良好的生活习惯之外需要学会担负起一定的照顾低龄幼儿以及协助教师进行班级管理的责任,如收发玩具,分发餐具,打扫教室卫生等。

(三)教育活动管理

混龄幼儿的身形发展水平差异较大,需要根据不同年龄层次进行分层指导。同一个教学目标对不同年龄幼儿的要求应该分层,有所不同。例如,同样是进行绘画,年龄较小幼儿进行涂色即可,但对于较大幼儿可以带他们从轮廓画起,画完了轮廓再进行涂色。同时,在幼儿自己进行创作的时候可以让年龄较大幼儿指导较小幼儿。

利用混龄优势,促进幼儿发展。模仿是幼儿的天性,低龄幼儿模仿大龄幼儿比直接模仿成人容易。在幼儿园大带小的氛围中也能促进大龄幼儿的责任感、语言表达能力等的发展。低龄幼儿经常与大龄幼儿交流也能促进他们语言、认知以及社会性发展。

三、混龄班幼儿常见问题

(一)大龄幼儿欺负低龄幼儿

幼儿时期是生长发育最快的时期,因此大龄幼儿和低龄幼儿会有较大的身高和力量的差异,在争抢玩具或者游戏的时候大龄幼儿可能会出现欺负低龄幼儿的行为。为了避免欺负现象,教师需要在意识上让大龄幼儿意识到大孩子应该礼让,照顾低龄幼儿。通过游戏、故事等等方式让大龄幼儿体会到照顾低龄幼儿是光荣的事情。例如,让大龄幼儿教导低龄幼儿如厕、吃饭,当他们能够完成任务之后给予小红花、贴纸等奖励强化,让他们知道关心低龄孩子是一件光荣的事情,逐步营造大带小、小尊重大的良好班级氛围。

(二)作息时间不一致

不同年龄段的幼儿作息时间稍有差异,低龄幼儿需要更长的睡眠时间,对于这一问题可以采取分时入园的方式进行解决。低龄幼儿可以晚半小时至一个小时入园。不同年龄段幼儿的活动时长和强度也有一定的差异,幼儿户外活动时间一般不少于2小时,其中体育活动时间不少于一小时,但在户外活动的强度上应当对不同年龄的幼儿进行区分,根据不同年龄段的耐力条件,量力而行。

(三)学习步调不一致

不同年龄段幼儿因为认知能力差别较大,学习步调不一致,在进行教学的时候可以就同一内容进行分层,对不同年龄段的幼儿提出不同的教学要求。例如在跑步时,5~6岁幼儿可以快跑25米左右,但是3~4岁的幼儿只能快跑15米左右,大家可以同时起跑,但不同年龄幼儿的终点线可以不同。在其他活动中也可以采取类似的方法,例如,在语言活动中,低龄幼儿能够复述故事内容即可,但是大龄幼儿则可以要求他们根据已有的故事进行创编。

(四)兴趣差异大

不同年龄的幼儿兴趣差异较大,教师需要关注幼儿不同的兴趣点进行不同的活动及游戏安排。例如在建构游戏中,大龄幼儿可以完成较为复杂的建构任务,但是低龄幼儿只能完成较为简单的堆叠,教师需要在材料及任务上进行区分,提出不同的要求。同时,留给幼儿足够的自由游戏的时间,让他们选择自己喜欢的区角进行自主游戏。农村混龄班级虽然是因为教育资源相对有限形成的,但是也与蒙台梭利提出的教育主张相符,混龄编班是一种更接近幼儿生活实际的方式,为他们营造了一个更接近真实世界的环境。他们在日常生活中也会与不同年龄的孩子相处,会面对不同的需求和兴趣,他们在这样的环境中学习就能更学会包容和理解。

第四章
乡村幼儿园家园共育策略

◎ 学习目标

◎ 乡村幼儿园家园共育的重要意义。
◎ 乡村幼儿园家园共育的主要内容和开展形式。
◎ 乡村幼儿园家园共育的特殊问题及解决建议。

◎ 思维导图

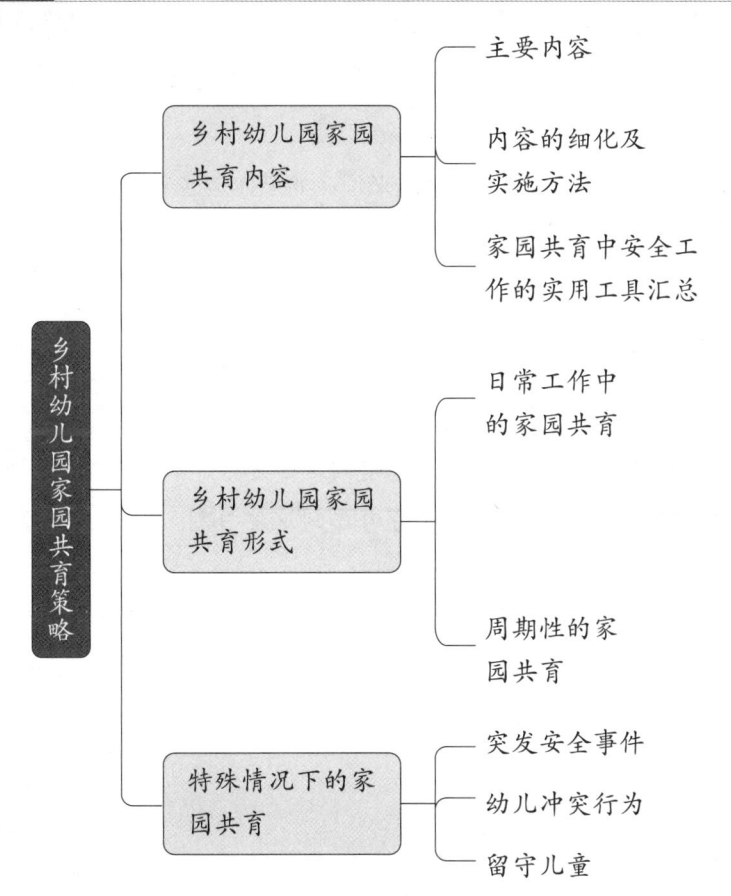

乡村幼儿园家园共育策略
- 乡村幼儿园家园共育内容
  - 主要内容
  - 内容的细化及实施方法
  - 家园共育中安全工作的实用工具汇总
- 乡村幼儿园家园共育形式
  - 日常工作中的家园共育
  - 周期性的家园共育
- 特殊情况下的家园共育
  - 突发安全事件
  - 幼儿冲突行为
  - 留守儿童

小案例

开学第二周的一个早晨,玲玲的奶奶、爷爷和小姑一起带着孩子来园。奶奶一见到老师就板着脸孔对孩子说:"你告诉老师,是谁整天在幼儿园欺负你,说你是没人管的孩子,晚上睡觉的时候还总是揪你的头发?"玲玲腼腆地低下头,不敢说话,爷爷一把揪住她的耳朵,大声呵斥:"你这个没出息的!教过你多少次了,谁打你就打回去,谁骂你就骂回去。打出事来,爷爷帮你兜着。"一旁的小姑对老师说:"老师,玲玲的爸爸妈妈在外面打工,我们平时家里的农活忙我们也管不了她。这个孩子在幼儿园寄宿,一个星期才回一次家,这个周末一直闷闷不乐,话也不说就只是哭。问她好半天,她说想爸爸妈妈,鹏鹏欺负她。请老师多照顾一下,这个孩子太可怜了。"爷爷对着来送孩子的家长们大声叫道:"哪个是鹏鹏,敢欺负我孙女,喊你家大人出来,我们大人打。"

老师见状,对家长说:"请你们先不要激动,等我把情况了解清楚,和两个孩子分别谈一谈再和家长交流。"玲玲奶奶厉声说:"老师,你也不用袒护鹏鹏了,就是欺负我家玲玲父母不在家!今天之内不给我们一个交代,我们就在学校门口等着教训鹏鹏一顿!"

老师见状无言以对,眼泪都要急出来了。如果你是这个老师,面对这样的情况应该怎样处理呢?

大思考

①老师平时是不是给予玲玲适当的关爱?
②老师是否让玲玲的主要养育者感受到这种关爱?
③幼儿园的家园工作体系有没有考虑到这些乡村、留守、寄宿幼儿家长的需求?

有的放矢地开展家园共育工作无论在乡村还是城市的幼儿园都具有十分重要的意义。乡村幼儿园由于留守儿童、隔代教育、家长意识理念差异等等方面的问题,需要特殊的工作策略才能达到家园共育的良好效果。本章根据乡村幼儿园的突出特点,主要从三个方面阐释乡村幼儿园家园共育的内容、形式及重点问题。

无论是什么类型的幼儿园,家园共育都不应该是单一和片面的某几项工作,而是渗透在幼儿园的日、周、月、学期和学年工作的方方面面,对幼儿的保教过程、幼儿园的办园质量和家庭的教育质量都发挥着重要作用。

同时,本文提供的家园共育体系只是一个参考,对于部分乡村幼儿园,也许没有条件对家园共育体系中的每一项都面面俱到,但是对家园共育工作的内容有全面的认识和了解,才能使广大乡村幼儿园教师在工作中有目的、有计划、因地制宜地逐步建立起适合自己幼儿园情况的家园共育体系。

第一节 乡村幼儿园家园共育的内容

幼儿教育需要幼儿园与家庭双方共同合力才能取得成效。早在1927年,陈鹤琴先生在《家庭教育》一书中说过:"幼稚教育是一种很复杂的事情,不是家庭一方面可以单独胜任的,也不是幼稚园一方面能单独胜任的,必定要两方面共同合作方能得到充分的功效。"《幼儿园教育指导纲要(试行)》明确指出:"家庭是幼儿园教师的重要合作伙伴。应本着尊重、平等、合作的原则,吸引家长主动参与幼儿园的教育工作。"《幼儿园工作规程》对家园共育的内容和方法都提出了更加明确的要求。《3—6岁儿童学习与发展指南》除了是幼儿园教师的"指南",更是对广大家长来说具有普遍意义的育儿"指南",为幼儿园家长科学参与幼儿园管理和教育提供了重要依据。

在幼儿园实际工作中,家庭教育包含哪些内容呢?对于乡村幼儿园,如何有效开展家园共育工作,使得这些内容得以顺利实施呢?除了幼儿园老师最关心的一般意义上的家园共育的内容和实施步骤,还有安全方面的家园共育内容也特别值得乡村幼儿园教师关注。

一、幼儿园家园共育的主要内容

幼儿园家园共育主要包括家长参与幼儿园工作和幼儿园帮助家长树立正确的教育观念两方面的内容。

(一)家长参与

在幼儿园的鼓励和引导下,家长通过直接和间接的方式参与幼儿园的各项工作,家园同心协力,形成合力,结合各自的实际情况因地制宜地开展家园共育。家长走进幼儿园,直接参与幼儿园的各项计划制订,参加亲子活动、担任家长助教等属于直接参与;家长不直接参与幼儿园教育活动,而是提供人力、物力支持,把意见和建议通过各种渠道反馈给幼儿园,属于间接参与,如家长问卷、家园联系册、家长会、亲子手工等等都属于间接参与。

(二)帮助家长树立正确的教育观念

除了促进儿童发展,家园共育对于家长和教师来说,都是一个共同受教育的过程。对于乡村幼儿园的家长,他们的教育观念、知识和能力需要在幼儿园的引导下不断改进和修正。乡村幼儿园教师,需要不断为家长提供树立正确观念的机会,创设树立正确观念的环境,这也恰为教师重塑积极儿童观和教育观的过程。

丰富多彩的家园共育活动,能帮助乡村家长改善教育行为、学习教育方法、优化家庭教育环境,充分保障乡村幼儿的生存权、生命权、发展权、受教育权。

按照《幼儿园教育指导纲要(试行)》《幼儿园工作规程》的相关规定,结合《3—6岁儿童学习与发展指南》的精神,城市幼儿园与乡村幼儿园在家园共育的内容结构方面差异不大。幼儿园的工作实践中,一方面需引导家长树立正确的教育观,一方面鼓励家长参与幼儿园工作,两者往往同时进行,有机结合、互相促进,密不可分。乡村幼儿园教师需结合自己幼儿园和班级的实际情况,将两部分工作有机结合,针对不同的家庭制订合理有效的家园共育方案,才能使得家园共育的内容细化、可操作、便于实施。

二、幼儿园家园共育内容及实施方法

幼儿园需要按学期或者是按学年制订全面的家园共育工作方案或计划,有的放矢地开展家园共育工作。下表是一所幼儿园的家园工作方案,从表格中可以看出,除了在计划中列出类目外,还必须明确工作的具体要求、教师培训与保障的机制、工作进度安排以及人员安排等信息,才能使得家园共育工作的各项内容落到实处,做出成效。该幼儿园的家园工作方案,包括了家长会、家长开放日、家访工作、日常家长交流及多种形式的家园共育工作安排,以供参考(见表4-1)。

表4-1 ◆××幼儿园××年度家园工作方案

常规家长工作	工作创新与要求	培训与保障	工作日历	人员安排	备注
一、家长会	1.拟定家长会内容,各班根据班级情况设定家长会形式 2.每学期初组织家长会 3.家长会方案提前两周交 4.家长会内容体现幼儿园安全要求、教育教学计划、保育工作细节要求,幼儿膳食及健康几方面的内容	1.班主任提前进行家长会模拟试讲研讨活动 2.对新教师实行家长会试讲及观摩活动 3.各班家长会内容(包括PPT和纸质提纲)会前交办公室审核,会后实行归档管理	3月10日:上交家长会方案 3月13日—17日:新教师培训 3月27日—31日:班级学期家长会 3月31日:家长会档案管理,填写家园联系册	家长会:各班班主任 培训:园长 档案管理:档案员	
二、家长开放日	1.提前三周制订开放日活动方案 2.年级组长提前两周审核活动 3.每学期一次半日开放活动	1.教研组长组织学习家长半日开放活动的内容并进行审核 2.档案员对各班的家长半日活动方案进行归档管理	5月7日:上交半日活动方案 5月10日—14日:第一次观摩活动	家长开放日活动:各班教师 审核:年级组长	

续表

常规家长工作	工作创新与要求	培训与保障	工作日历	人员安排	备注
二、家长开放日	4.半日活动结束后,组织教师开展总结、分享、研讨会	3.新教师观摩家长开放半日活动。承担活动中的拍摄,制作可视性强的图文素材	5月17日—21日:整改方案 5月24日—28日:半日开放活动	档案:档案员 图文素材:宣传组	
三、家访工作	1.每学期安排四次常规家访工作 2.新生入园班级在入园前进行全面的家访工作 3.要求在家访过程中,完成家访记录及家长反馈记录	对新教师进行案例分析培训 对所有教师加强家访廉洁自律培训	4月17日:教师培训《家访案例》 家访:全学期	家访工作:班级教师 家访记录及家长反馈意见抽查:年级组长、园长	
四、日常家长交流工作	1.针对幼儿在园情况及时与家长取得交流 2.针对幼儿特殊情况及表现及时进行单独交流 3.幼儿受伤处理程序	1.提高教师与家长沟通与交流的技能技巧 2.清晰了解幼儿受伤后的处理程序及家长工作	4月21日:教师培训《沟通与交流》《幼儿受伤及处理》	日常家长工作:各班级教师 家长意见抽样调查:年级组长、园长	
五、微信公众号	1.规范公众号的建立与管理工作 2.提升公众号质量,不定时积极分享幼儿在园活动,促进家园共育	1.教师拍摄技能技巧培训 2.教师制作宣传内容培训	每月不定时	图文内容:全体教师 编审及后台:宣传组	

续表

常规家长工作	工作创新与要求	培训与保障	工作日历	人员安排	备注
六、家园联系册	1.选择适合本班幼儿特点的家园联系册 2.按时、按要求完成家园联系册的反馈记录 3.定期抽查各班家园联系册的完成情况	1.教师填写家园联系册的技能培训 2.挑选优秀家园联系册进行分享活动	5月19日：全园抽查 7月14日：全园抽查 7月21日：考评考核	家园联系册：各班级教师 抽查：年级组长、园长	
七、家长问卷	1.每学期末针对班级教师日常工作、膳食质量、幼儿园管理开展家长问卷调查 2.问卷可以以网络或纸质的形式发放 3.各班级根据问卷内容进行汇总、反思及反馈	教师参与家长问卷问题的设置，提出自己最关心的问题	放假前一周发放家长问卷，放假前回收并分析	家长问卷：园长、各班级教师、保育员 问卷汇总：办公室、家长工作组	
八、家长情感维系	1.每学年十一月开展已毕业幼儿与家长的返园活动 2.针对插班幼儿家长进行跟进服务 3.了解有特殊情况的幼儿家长情况，及时进行帮助	1.相关负责人制订活动方案 2.办公室与年级组负责人及时交接插班生情况，由年级组负责人做好插班生家长的跟进工作	11月：毕业生回访活动 5月、7月：插班生工作，入园家长筛查	毕业生回访：园长、教研组 插班生：办公室、年级组长、班主任 特殊情况幼儿帮助：本班老师、相关部门负责人	

续表

常规家长工作	工作创新与要求	培训与保障	工作日历	人员安排	备注
九、大型活动	1.根据当年节庆开展亲子活动 2.拟定大型活动家长会内容 3.必要情况下与家长签订大型活动相关安全协议,购买单次活动人身意外伤害保险 4.积极调动家长参与活动的积极性,发挥家长防暴委员会与班级家委会的作用,保障活动顺利进行	相关负责人制订大型活动方案	5月:六一活动 10月:国庆活动 12月:元旦活动	园长、后勤主任、各口负责人、各班级教师	

三、家园共育中安全工作的实用工具汇总

对于乡村幼儿园来说,家园共育中通过开展安全工作以保障幼儿安全也是一个重要但容易被忽略的部分,在保障幼儿生命安全中发挥非常重要的作用。以下提供了一系列案例及实用工具,乡村幼儿园教师可以参考借鉴,运用到实践工作中,以保障幼儿生命安全。

某幼儿园在新生家长入园时,组织新生家长召开安全教育专项座谈会,并要求家长认真阅读幼儿园相关的安全规定并签字确认。对于乡村幼儿园的家长,如果因外出打工无法现场参与座谈,可以采取网络直播会议和线上文件签名的方式让父母承担起孩子的安全责任。疫情期间,城市的幼儿园也开展了大量的网络家长学校,向家长宣传防疫知识和在家期间的育儿小妙招,由于多年坚持开展这项工作,家长对于幼儿园的安全保障工作非常支持和配合,起到了很好的成效。以下列举几种幼儿园家长工作中的实用工具以供参考。

(一)家长安全管理规定

案例4-1

"好心"惹的祸

这个周末,苗苗家院子里美味的樱桃熟了。苗苗看着红艳艳的樱桃,对爷爷说:"爷爷,我星期一要把樱桃带到幼儿园里去,分给我们班的小朋友和老师吃,他们一定会很高兴的。"爷爷笑眯眯地说:"我家的孙子真是个好心眼儿的孩子,星期一早上爷爷给你摘一大袋樱桃,给老师和小朋友尝尝鲜。"

星期一早上,苗苗蹦蹦跳跳地带着一大袋红艳艳的樱桃到了班里,小李老师皱了皱眉头,对爷爷说:"苗苗爷爷,幼儿园有规定,不让小朋友带吃的来幼儿园……"苗苗爷爷爽朗地说:"小李老师放心吧,自己家的樱桃,今天早上刚摘的,又新鲜又好吃,不会有问题的。"小李老师看着苗苗期待的小眼神,只好默默地把樱桃收下。

上午吃水果的时间到了,小李老师请苗苗把樱桃分给小朋友们吃了,大家都很高兴。

小李老师也很高兴,但是却忘记了,樱桃核如果不留心处理的话,是容易引发多种类型的安全事故的……

午睡起来,瑶瑶哭着对小李老师说:"老师,我睡午觉的时候不小心把樱桃核塞进鼻子里了,刚才我不敢说,现在我的鼻子好痛啊。"小李老师吓了一大跳,赶紧把瑶瑶带到了园长那里。园长一看,幼儿园根本处理不了,连忙把瑶瑶带到了医院。

经过一番折腾,好不容易才把樱桃核从瑶瑶的鼻腔里取了出来。医生还告诉园长,樱桃核如果不注意管理,孩子们含在嘴里玩,可能引发幼儿窒息。有一些品种的樱桃核如果被咬破,里面的仁可能会导致幼儿中毒。

通过这件事情,小李老师和苗苗的家长都感受到了严格执行幼儿园家长安全管理规定的重要性。园长也紧急召开了全园家长的线上安全规定会议,避免类似事情再次发生。

分析

幼儿园为幼儿提供的所有餐食均在相关部门严格的指导和监控之下,根据《教育部办园行为督导评估》体系要求,幼儿园为孩子提供的玩具和操作材料也都有专业规范的要求。对于乡村幼儿园的家长和教师,可能认为农家自产的"原生态"食品是最安全可靠的,殊不知把未经管理和审核流程的食品或物品提供给孩子食用或使用,具有多个方面的安全隐患。但是,乡村幼儿园教师也应该特别注意,在执行规范和标准的同时,切忌生硬地一刀切。需要多方面照顾乡村家长的情感,呵护家长的一份真心,把他们的真诚和热心引导到正确的家园共育工作方向上,共同促进幼儿发展。

保障幼儿生命安全不仅仅是幼儿园老师单方面的工作,需要取得家长积极的支持和密切的配合。无论是什么类型的幼儿园,都必须在新生入园之前就通过多次的家长会、家长学校等工作让家长明确幼儿园的一系列安全管理规定。以下案例说明了家长明确幼儿园安全管理规定的重要性和可操作性。

案例4-2

家长安全管理规定

为保证教育、服务质量,维护幼儿安全,促进孩子身心健康,家长必须做好以下工作:

(1)家长每天送孩子入园或离园时,请将车辆有序停放在园外,一切车辆禁止进入园内,以免发生事故。

(2)为确保安全和卫生,严禁带猫、狗、禽类以及其他宠物入园。

(3)每天送孩子入园前,必须认真检查孩子随身物品,如:项链、饰物、小刀、珠子、别针、锋利物品或药品等危险物品,严禁携带入园。

(4)为了防止意外,并培养孩子良好饮食习惯,不经教师同意,严禁家长给孩子带任何食品入园。

(5)幼儿入园前,除体检外,家长须主动向医生和老师说明幼儿是否有过敏史、癫痫、先天性心脏病等需要引起幼儿园注意的特殊病史。

(6)晨检要求:每天送孩子入园时自觉督促孩子进行晨检,杜绝传染病蔓延,若孩子在家中生病或受伤,无论大小轻重,第二天必须告诉医生和老师,以便观察照顾。

(7)每天送孩子入园,必须把孩子送到所在班级,交给老师,拿好接送卡,家长方可离开。

(8)家长须认真遵守幼儿园的作息时间:上午7:30—8:30入园,下午5:40—6:00离园。其他时间为保证幼儿安全一律不开门,若遇特殊情况请事先与老师联系并预约接送时间。

(9)接园时教师与家长安全交接孩子后,家长必须负责孩子的安全。孩子离班后在园内外发生的一切安全问题由家长自行负责。

(10)幼儿园是无烟区,为给孩子一个健康的环境,请家长不要在园内吸烟。

(11)幼儿之间发生争执,由于家长并不一定了解真实情况,请理智对待,向老师反映后由老师协调,请不要直接简单粗暴地对待别人的孩子或接触对方家长,以免造成更大的矛盾。

(12)为保证幼儿安全,无特殊情况时请固定接送人员,并使用好接送卡。请他人帮助接孩子要事先与班上的老师说明情况,并出示委托接送卡,否则教师不允许生人接孩子离园。

(13)教师会在孩子有突发情况时尽快与家长联系,家长必须保证留给老师的电话号码及其他联系方式均有效,如有变更请及时告知教师,与您联系不上会造成不良后果。如幼儿监护人变更或家长对幼儿园有特殊要求,请及时书面通知老师,便于教师按监护人要求管理幼儿。

(14)为确保幼儿安全,如有其他特殊要求请及时通知老师。

(15)幼儿园为幼儿所拍的照片和视频只要不用于商业用途,家长不得以侵权为由追究幼儿园责任。

家长在本规定签字即表示家长已了解并同意本规定的一切条款,由于违反本规定造成的一切安全责任由家长自行承担。

幼儿姓名: 　　　　　　　　　家长签字:

××幼儿园　　　年　月　日

(二)家长安全接送确认登记表

随着社会的发展和变化,与城市幼儿园一样,乡村幼儿园的家庭成员结构也会呈现日渐复杂化的趋势。如果一个家庭接送孩子的人员过于复杂,或者由于父母离异监护人变更等情况没有向幼儿园说明,在接送孩子这个环节很容易存在安全隐患。所以幼儿园需要家长提前签订以下的接送登记表格,保障幼儿接送环节的安全。

案例4-3

××幼儿园家长安全接送确认登记

幼儿姓名:　　　　　　班级:

家长授权并允许接送幼儿的人员名单

1.姓名:　　　　　　与幼儿关系:

2.姓名:　　　　　　与幼儿关系:

3.姓名:　　　　　　与幼儿关系:

4.姓名:　　　　　　与幼儿关系:

(家长确认签字)父亲:　　　　　　母亲:

登记说明:

1.在家长没有向幼儿园做特殊说明的情况下,幼儿园视家长确认登记接送人员(幼儿父母及祖辈)为安全接送人。

2.每个家庭最多填写四人。

3.如有特殊情况,请向幼儿园说明。

××幼儿园

(三)幼儿园入园基本情况调查表

家长填写的幼儿基本情况调查表,除了幼儿的基本信息,对于了解幼儿健康和安全方面的关键信息也非常重要。家长在入园前填写这些表格的同时,也在思考和梳理自己对孩子教育关心的方方面面,体会到老师的不容易,会更积极地配合老师的工作。(见表4-2)

表4-2 ◆ 幼儿入园基本情况调查表

幼儿姓名：	性别：	出生日期：	幼儿身份证号：	民族：
父亲姓名：	电话：	工作单位：		
母亲姓名：	电话：	工作单位：		
家庭住址				
入园前主要养育者				
过敏情况				
疾病情况				
需要叮嘱幼儿园特别重视的安全问题描述				
其他				

备注：

1.过敏情况指对药品、食物及特殊物品(如塑料等)的过敏；

2.疾病主要指先天性心脏病、癫痫等容易突发危险的疾病；

3.安全问题描述指监护人变更及其他特殊情况；

4.填入本表的内容如有变更请及时书面通知幼儿园。

特别提醒：

家长必须保证所填情况的真实性，如因家长向幼儿园隐瞒幼儿情况所发生的一切问题由家长自行承担责任。

幼儿姓名： 家长签字：

日期： 年 月 日

帮助家长通过直接或间接的方式参与幼儿园工作，帮助家长树立正确的家庭教育观念，通过可操作的家长安全管理系列制度保障幼儿生命安全，是乡村幼儿园家园共育的主要内容。在幼儿园日常工作中，需要通过有效的组织形式保障这些内容得以细化实施，落在实处。

第二节 乡村幼儿园家园共育的形式

无论是城市幼儿园还是乡村幼儿园,家园共育都主要通过日常交流、家园活动的组织、家长会和家长学校、网络交流等形式来开展。由于留守儿童的情况在乡村较为突出,乡村幼儿园教师通过微信等网络技术开展家园工作是非常重要的。同时,由于很多乡村孩子的实际主要养育者变成了祖辈,一部分祖父母可能存在使用现代信息技术困难的情况,幼儿园和教师根据自己园所、班级和每一个幼儿的家庭情况,综合运用家园共育的形式,做到一园一品、一班一品、一幼儿一方案,才能使得家园工作落到实处,取得应该有的效果。

一、日常交流

日常交流是幼儿园中常见的一种家园联系形式,教师一般通过面谈、电话、网络联系等方式与家长开展日常交流。

(一)入、离园时间段的见面交流

入园和离园是日常情况下家长唯一能与老师见面和接触的时间,这个时间段老师往往需要同时应对好几个方面的工作,平均给每个家长的时间只有短暂的一两分钟。虽然是短暂的时间,但是这是家长观察和了解老师的重要窗口,老师的着装是否得体、精神状态如何、接待家长的礼貌举止、入离园时间段的班级面貌都可以反映出老师的工作状态和业务水平。下表(见表4-3)从形式、内容及目标、技巧和注意事项三个方面,较为详细地列出了入园和离园时间段的教师和家长交流的要点。

表4-3 ◆ 入园及离园时的家长工作要点

	形式	主要内容及目标	技巧及注意事项
幼儿入园时间	面谈	1.安全情况交流:观察幼儿携带的物品是否安全、身体有无伤痕等异常情况。了解幼儿离园后的安全状况,如有异常第一时间和家长沟通确认 2.健康情况交流:观察幼儿的健康状况是否正常,如有疑问及时询问家长,做出相应的反应 3.情绪情况交流:观察幼儿的情绪状况是否正常,对幼儿今天一天的状态提前预判,和家长交流分析原因,采取相应措施 4.其他特殊情况交流	1.很多幼儿园入园时间段通常只有一位老师。一位老师需要接待陆续到来的家长,观察陆续到来的幼儿,应对家长和幼儿不同的情绪和状况,还需要组织好已经入园的幼儿进行晨间活动并且填写入园相关的表格。教师只有提前做好入园时间的充分准备,才能够同时兼顾入园接待的秩序,保障每一位幼儿的安全,建立班级晨间轻松愉快的氛围 2.教师在晨间准备好一个温馨舒适和有秩序感的物质环境,班级的一桌一凳,每一项陈设都会成为"助教",帮助老师活而不乱地同时完成多项工作 3.教师在入园活动前调整好个人的情绪和形象状态,以充满阳光的笑容和亲切温暖的话语迎接家长和幼儿,良好的精神环境也会成为得力的"助教",使家园沟通事半功倍
幼儿离园时间	面谈	1.安全情况交流:在离园活动时确认孩子有无受伤情况,如有受伤,在家长接园时向家长讲明孩子受伤的前因后果,幼儿园保健员对伤情的处理情况,回家后护理的注意事项 2.健康情况交流:如孩子在幼儿园有不适表现,教师需向家长讲明症状,幼儿园保健员对幼儿给予的帮助和建议,回家后的注意事项	1.离园活动时对幼儿安全和健康的确认检查是必要流程,但是在全日各项活动中,教师随时对幼儿安全和健康密切关注才是最根本的职责。很多时候,在家长接园前几分钟才发现的问题,已经没有办法追溯前因后果,更没有办法跟家长有效交流了

续表

| 幼儿离园时间 | 面谈 | 3.情绪情况交流:如果晨间入园孩子有情绪异常,教师应该根据一天的带班情况,在离园时与家长进行简单的交流和指导
4.幼儿行为表现交流:一日活动中,如果孩子有特别需要和家长交流的行为表现,应该在离园时向家长说明
5.其他特殊事项的交流 | 2.离园活动时班上通常也只有一位教师,但是同时需要关注好多方面的事情。这个时间段,孩子往往非常兴奋,教师需要充分地准备好班级环境,用适宜的活动吸引幼儿,所有幼儿"有事可做",教师才能在保证全体幼儿安全的前提下和家长进行有效交流
3.如果需要和个别家长交流较长时间,应该请家长等待至所有幼儿离园后再进行交流,这样首先保证了全体幼儿的安全,也有可能保护了个别幼儿的隐私
4.在家长接送孩子的时候,看到老师总是亲切自然地迎接家长和孩子,班级环境总是整洁舒适,看到孩子们总是在专注地进行有趣有序的活动,家长自然会通过短短的一两分钟对老师的工作能力进行判断,对孩子在幼儿园一天的状态进行判断。有了这样好的印象,并不需要教师过多的语言交流,家长自然充分信任老师、会全力支持老师。反之,如果家长每次接送孩子时,看到的都是乱糟糟的教室和无序状态的孩子,家园之间的交流也难以取得家长信任和配合 |

(二)电话交流

与家长电话沟通分为幼儿缺勤情况确认、幼儿身心发展情况沟通、定期电话随访等几种情况,三种电访都非常重要。

每天晨间幼儿入园时间结束后,如果教师发现有幼儿并未提前请假但是缺勤,应该及时打电话向家长确认并问明原因,一般需要在幼儿园规定的入园时间过后半小时之内完成确认。一方面如果幼儿是因病缺勤,教师打电话给家长,在表达对幼儿关心的同时需要掌握班级是否有手足口病等传染病情况。另一方面,确认孩子的缺勤原因也是非常重要的安全保障措施,一些有校车的幼儿园,曾经发生过把孩子遗忘在校车上造成幼儿死亡的恶性事件。

案例4-4

广东五岁男童校车内身亡

2020年7月,广东5岁男童坐校车到达幼儿园后,被教师和司机遗忘在车内近9小时,当天室外温度高达34℃,长时间的高温和脱水导致幼儿不幸身亡。

一个幸福的家庭就此被笼罩上了不幸的阴影,男童家属提出105万的赔偿。对于幼儿园长时间没发现孩子不在,长时间没人打电话询问家长孩子为什么请假,跟车老师和驾驶员都没有在孩子下车后进行安全检查等情况提出了质疑。

分析

这样的案例在网上稍加搜索就会发现很多,湖南、北京、山东都有类似的惨剧发生,如果这些幼儿园有清晰的晨间缺勤排查制度,很快就能发现幼儿正处在危险中,那么这些悲剧都可以避免。乡村幼儿园有很多孩子不是由监护人接送,而是请隔壁邻居,哥哥姐姐,甚至是孩子自己独自上幼儿园,晨间缺勤情况摸排后与家长的电话沟通就显得更加重要。每一个幼儿园必须有详细的幼儿缺勤登记记录表,长期坚持这项工作,才能保障幼儿安全。一个简短的电话和一张简单的缺勤情况摸排记录表格,只要形成制度坚持做,就能够避免很多悲剧的发生。

另外,当幼儿近段时间在幼儿园出现一些异常情况的时候,教师也需要打电话和家长交流,比如厌食、情绪异常、攻击行为等等。需要特别注意的是,在反映问题的同时乡村教师给家长打电话首先要尊重家长的感情。对于在外打工的家长,长期见不到自己的孩子,教师的电访无论如何首先要肯定孩子的优点和进步,教师一句微不足道的称赞都会让家长感到欣慰,先建立起良好的互动基础,然后再指出问题和需要配合的地方,取得家长的信任和支持才能解决问题帮助孩子和家庭。以下是某幼儿园的家长电访记录案例。

案例 4-5

电访记录表

班级：满天星班

幼儿姓名	×××	负责教师	李老师	时间	2020年10月26日
幼儿在园情况反馈(学习、生活、游戏、适应能力、同伴关系、在园趣事、家园配合、情感交流等任选)	\multicolumn{5}{l}{×××在园能积极参与活动，与小朋友和睦相处、游戏，生活自理能力好，偶尔会出现鞋子穿反的现象，在用餐方面比较薄弱，挑食的情况较严重，不吃的菜品较多，无论老师怎么引导都没用，老师喂也不张口，很抵触。}
家长反馈 家长电话：	\multicolumn{5}{l}{关于老师提出的用餐问题，孩子从小到入园，吃饭就是个问题，孩子不吃老人就追着喂饭，不爱吃的也随孩子，家长同意配合老师加强引导孩子用餐，非常感谢老师及时与家长反馈交流孩子的情况。 139********}
在园瞬间	\multicolumn{5}{l}{小视频(2)个　　照片(3)张}
幼儿姓名	×××	负责教师	李老师	时间	2020年10月27日
幼儿在园情况反馈(学习、生活、游戏、适应能力、同伴关系、在园趣事、家园配合、情感交流等任选)	\multicolumn{5}{l}{自黄金周放假生病回来，孩子精神状态不是很好，参与体能活动时也不愿意动，随时坐着，偶尔还会出现将大便拉到裤子上的情况，班级老师在带班过程中随时关注孩子的状况，出现有不舒服的情况及时与家长交流。}
家长反馈 家长电话：	\multicolumn{5}{l}{通过与老师的交流、反馈，由于孩子前段时间生病还在恢复中，精神状态不是很好，希望老师多关注，也感谢老师及时反馈孩子的情况。 139********}
在园瞬间	\multicolumn{5}{l}{小视频(2)个　　照片(4)张}

(三)网络平台交流

部分乡村幼儿园存在寄宿幼儿多，无法在入、离园时间当面与家长见面交流的情况。很多在外打工的家长由于工作性质，也不方便经常接听老师的电话。乡村幼儿园教师在幼儿晨起和入睡的时间段可以把幼儿的起居情况拍成照片或视频，通过网络发送给家长，让家长尽可能了解幼儿的在园情况，更多地关心孩子。

二、周期性交流

根据幼儿园和班级制订的计划,除了日常交流外,家园共育工作还必须有定期开展的周期性工作,包括家访、家长问卷、家长开放日、亲子活动等形式。

(一)家访

教师进入幼儿家庭进行家访,充分体现了教师对幼儿的关心。对了解家长的想法,安抚家长,进行有效的沟通很有帮助。同时也便于教师了解幼儿的家庭教育特点,更好地进行教育教学工作。每个幼儿园都应该定期或不定期地对幼儿家庭进行探访。

家访时教师需要提前和家长讲明家访的目的和流程,把握好家访的尺度和界限。在家访的过程中不给家庭造成麻烦和打扰,规范言谈举止,不能收受家长的礼物和吃请招待。案例4-6是某幼儿园的家访回执单。

案例4-6

家访回执单

幼儿姓名:　　　　家访时间:

家庭住址:

家访目的:

家长对此次家访有何意见和建议:

家长及教师共同承诺此次家访全过程透明、规范。

教师签名:

家长签名:

　　年　　月　　日

(二)家园活动的组织

家园活动包括家长开放日、结合节庆开展的亲子活动、家长助教活动等形式。表4-4列出了组织家园活动的主要内容和目标、注意事项及组织技巧等,供乡村幼儿园教师根据自己班级的情况参考制订适合自己的方案。

表4-4◆组织家园活动的工作要点

形式	主要内容和目标	注意事项及组织技巧
家长开放日	1.通过半日活动家长全面了解孩子在幼儿园一天的各项活动,对自己的孩子的身心发展情况心中有数 2.家长可以看到幼儿园老师和保育员辛勤工作的状态和无私的爱,从而更加理解和配合班级工作 3.家长可以看到幼儿园在卫生保健、营养膳食、保教工作等方方面面的专业和用心,对幼儿园的管理有一个全面的了解和认识,从而更加信任和支持幼儿园工作	1.所有的活动需要事前有沟通、事中有人管、事后有反馈。在活动前要让家长清楚地知道举办活动的目的、必要性和流程。家长毕竟不是幼儿园专业人员,在活动中要关注家长的问题和需要并及时给予帮助。在活动结束后,需要尽快通过家长问卷、个别访谈等方式展开交流,收集家长意见和建议,以便下一次活动更好地开展 2.自愿参与原则。无论是老师认为多么好、多么重要的活动,都不能强制家长必须参加。老师要充分考虑到家长,尤其是在外打工家长的不得已,对于无法参与活动的家长,多换位思考和理解 3.频率适度原则。幼儿园组织家长参与的活动频率要适度,过多的活动组织会造成家长的负担,容易适得其反 4.人性关怀原则。幼儿园组织父亲节、母亲节等跟特定家庭成员相关的活动时,要对每一个孩子的家庭构成做到心中有数,为特殊的家庭制订个性化的方案,关怀到每一个孩子
节庆活动	1.亲子运动会 2.亲子艺术节:文艺演出、画展、摄影展 3.各种节气、传统节日、特殊节日组织的亲子活动	
家长助教	1.家长根据自己的职业、专长或资源,到幼儿园参与助教活动 2.邀请助教家长写出感受和心得,向全班家长分享	

除上述形式外,一些幼儿园的教师还会充分调动家长的积极性开展家长义工活动,让有时间、有意愿的家长更多参与到幼儿的教育活动中来。以下是某幼儿园的家长义工活动案例。

案例4-7

"家长义工"活动计划

为更好地使家长参与家园共育工作,遵循家园共育"透明化、参与化"管理的原则,幼儿园本学期试行家长义工活动。

活动推进计划和要求如下:

学期初向全体教职工宣布本学期家长工作的方向,树立教师客观、正确的家长工作思想。

9月初召开家长委员会(各班选出2名非常支持幼儿园工作又有足够时间的家长作为家委会成员,同时积极为外出打工的家长创造参与活动的条件,参加视频会议)。会议内容:(1)让家长明确自己的责任和义务,能够站在为了幼儿园的长期发展、为了全园孩子的角度,以教师助理的身份参与我们的管理;(2)现场决定安排时间;(3)宣布家长义工一天的工作流程以及检查表格使用方法。

9月第二、三周,安排本园骨干教师(每人半天)按照对家长义工的要求进行幼儿园一日工作的全面监督和检查,查找问题与不足,积极改进。

10月至学期末,每月一名家长任选本月一天作为自己的工作日,用半天时间到幼儿园协助管理工作。

活动要求:

(1)家长义工可以选择上午或下午两个时间段进园体验:上午9:00—12:00,下午3:00—6:00;

(2)每月最后一个周五下午,保教主任提前和下周家长义工联系并确定家长参加活动时间,安排专人引领;

(3)家长义工每餐品尝幼儿饭菜,安排专门场地进餐,不可直接在班级进餐;

(4)家长义工结束一天工作时,园长、主任要和家长进行面谈,解除家长的误会或者疑虑,听取家长合理化建议,并收回家长反馈信息表,作为对各个部门考核的依据;

(5)邀请义工家长写出一天的感受和心得,第二天交给园里。对于书写有困难的父母或者爷爷奶奶义工,可以口述心得,由老师记录整理;

(6)学期末评选"爱心家长"——选出全园最有责任心的义工家长,设置奖项并公示。

> **分析**
>
> 本案例中的"家长义工"方案有两个特点,首先是事先有周密的计划,事中有详细的部署,事后有完整的总结。只有形成了良性闭环的"家长义工"活动才能真正落实并长期坚持。其次是方案充分尊重家长的自主权,调动家长的积极性,考虑家长工作需要的实际情况。"家长义工"不能变成幼儿园的任务摊派,不管家长的个人意愿和实际情况而强迫家长参与的家园共育往往事与愿违。

(三)家长会和家长学校

按照幼儿园的工作计划和执行进度情况,家长会分为期末、期初、随机、定期家长学校等形式。学期末家长会主要交流一学期的工作总结,感谢家长的支持与配合,对即将到来的假期的安排和安全做出交代。新学期家长会主要交流新学期的工作计划,提出对各个幼儿家长家庭教育的要求并进行指导,对于新学期需要家长配合和支持的活动提前告知,使家长有预判,提前做好准备和安排。随机召开的家长会一般根据上级主管部门的通知、近期发生的特殊情况,临时组织家长会。定期组织的家长学校由幼儿园调动资源,邀请专业人员,主要从家庭教育、幼儿健康、安全维护等方面组织家长进行学习。针对新入园幼儿的家长学校,主要对即将入园的家长进行必要的"家幼衔接"指导,使家长和教师互相熟悉,特殊问题提前做出沟通,为幼儿顺利入园打下基础。针对毕业班幼儿开展的家长学校,主要向家长宣传"幼小衔接"的正确理念,把幼儿在入学前幼儿园对于生活习惯、卫生习惯、学习习惯,情感、态度、能力等几方面的培养计划向家长介绍,并告知家庭指导要点。

三、运用网络技术的家园共育

随着信息技术的发展,微信群等网络交流手段在家园共育当中所占的比例越来越大,在给家园双方带来便捷的同时也产生了很多新的问题。尤其对于乡村幼儿园,很多父母常年在外打工,无法和教师开展日常交流,也难以参与亲子活动、家长会等周期性交流活动,家园双方运用网络开展家园共育的价值日趋凸显。

(一)运用网络开展的家园共育工作的指导要点

表4-5列出了运用信息技术开展家园共育的主要形式、作用和效果以及使用技巧和注意事项。由于网络技术手段的变化非常快,需要乡村教师们根据各自地区的实际情况灵活运用。

表4-5 ◆ 运用信息技术交流的要点

形式	主要作用和效果	使用技巧和注意事项
微信	1.家长群:发布通知、介绍家庭教育知识、传递幼儿园教育理念及教育成果、组织微信群会议、进行家园之间的情感交流 2.朋友圈 3.个别家长的微信交流 4.幼儿园的微信公众号	1.由于大多数网络的开放性,老师和家长在发布孩子照片和相关信息的时候,需要特别注意保护幼儿的隐私。幼儿园不经家长允许,不应该擅自发布孩子的正面清晰照片以及个人信息 2.网络在家园沟通中的根本目的是促进家园合作和儿童发展,教师应严格要求自己,严禁利用网络平台向家长兜售任何有形无形的商品,也应该慎重地看待家长的网络销售行为。务必坚守住家园合作的纯洁性 3.随着手机应用的普及,幼儿园老师大量的家园交流工作需要在手机上完成,但这并不是老师可以在带班时间盯着手机而忽视幼儿的理由。老师可以和家长沟通好微信交流的时间,让家长提前知晓,在带班时间段,老师的关注点必须放在孩子身上,只有带班之外的特定时间段才能够回复家长的信息 4.对于班级微信群,需要提前制定好群规,日常做好维护和管理,防止在班级微信群中出现违背社会主义核心价值观的言论,杜绝传播社会谣言 5.与家长展开的微信交流,必须以儿童为核心,教师要注意把握交流的度,守护教师专业的纯洁性,避免过多与家长闲聊
专门的家园联系手机应用软件平台	1.配合智能打卡设备,随时统计幼儿出勤情况 2.配合幼儿园教育教学,提供海量的图片、文字、音像等家庭教育资源 3.借助云计算平台和幼教管理、沟通工具,将幼儿园园长、教师与家长相连接,实现并构建教师与家长实时沟通、开放分享的家园互动平台	
其他新媒体	配合幼儿园教育教学,教师、家长和孩子制作网页、音频和视频,如老师讲故事、亲子阅读、亲子制作等等,制作好的资源可以全班共享	

(二)运用网络开展家园工作的安全防范

由于乡村幼儿园家长和老师经常互相见不到面,所以运用网络与家长交流显得特别重要。但是教师也要注意网络交流在为我们带来方便和高效的同时,也产生了很多负面影响,以下从不同角度列出了一些幼儿园家园共育网络交流的参考案例。

案例4-8

班级微信群诈骗

某市某镇某学校家长微信群内,有人冒充老师诈骗十余名家长共8000余元。23点左右,有人通过扫描群二维码进入该学生家长微信群内,诈骗分子进入微信群后将自己的昵称、头像全换成与老师一样的。该人冒用老师身份,在群内通知收取活动经费600元,并发送了一个收款二维码。后陆续有十余名家长通过扫描二维码支付了活动费,一共被诈骗8000余元。第二天老师发现以后,骗子早已不知所踪。

经过相关部门的调查,犯罪分子通过直接在QQ、微信内搜索班级群的群聊关键字,即会出现大量公开的群聊信息。对于秋季新入学的新生,家长和老师、家长和家长之间并不熟悉。如果没有设置相应的验证机制,或者班主任验证不严格,骗子比较容易乘虚而入。

还有一些骗子,利用放学时间与校门口等待的家长攀谈、套近乎,伺机混入班级群,开展诈骗活动。

分析

万物互联的网络世界是开放的,微信群在给家园共育工作带来便利的同时也为幼儿园和家长带来了层出不穷的安全风险挑战。尤其对于新生的班级微信群,老师和家长都要提高风险防范意识,保护好个人信息隐私。可以尽早通过新生家长会等活动,安排老师和家长之间互相认识,增进了解。也应该不断地向乡村家长宣传防网络诈骗信息。

案例4-9

幼儿园老师做微商造成不良影响

月月妈妈对幼儿园的老师一直都比较满意,然而最近发生的一件事,却让她很难一如既往地信任老师。

原来老师发朋友圈说自己做了一个化妆品的代理,一天要刷二十几条广告。因为老师们经常会把孩子在幼儿园的照片或者小视频发在朋友圈里,月月妈妈平时特别关注老师们发的朋友圈消息。"买不买"让她陷入纠结。

然而幼儿园老师做微商,最大的问题其实还不是"刷屏"。"起初我也没想过要买,可这位老师有一天突然发了一张她和一个家长的微信聊天记录。这位家长买了一种产品,还说老师这么辛苦,对孩子这么关心,我们作为家长,应该支持你,而且我们信得过你的人品,买你的东西放心。"月月妈妈心里咯噔一下,"虽然老师没有明说,但这个截图的意思应该也是希望其他家长来买她的东西。"

月月妈无奈只好也买了一款面膜。"虽然价格不贵,但我平时根本不会用,买来也是闲置,就当是给老师换一种方式'送礼'了。"月月妈买了面膜后,老师立即也把她购买面膜的聊天记录发在了朋友圈里。"我的购买记录也成了老师的广告。"

在此之后,好几个小朋友的家长联系到她。"大家都问我是不是购买了这位老师的产品,他们也都很纠结要不要买。大家的想法和我很相似,买回来也不会用,可是不买的话又担心老师会对自己有意见,进而对孩子态度不好,毕竟这个年纪的小朋友还是很敏感的。最后也不知道有几位家长买了老师的产品。"

本以为买一次面膜就可以了。谁知今年9月份,新学期开学。"我在看朋友圈时突然发现,这位老师不再发化妆品广告了,又代理了一种品牌的保健品,还是一样的套路,将其他家长购买保健品的聊天记录截图发在朋友圈里。"月月妈顿时又纠结了,"我到底要不要继续买?"

令她没有想到的事还在后面,孩子的另一位老师也开始在朋友圈里刷屏发广告了。

"我都懵了,这些老师们都是怎么了?这样还顾得上照顾孩子吗?"

月月妈妈和其他几位家长越想越是生气,于是约着一起向有关单位反映,决心治理一下这种违背教师职业道德的行为。经过调查,班上的两位老师,先后从班级的家长处牟利近两万元,受到了严厉的惩处。

> **分析**
>
> 在享受网络便利的同时,教师要随时注意规范自己在网络上的言行,不利用家长给自己谋私利,维护教师的良好形象和教师队伍的纯洁性。首先,从社会对教师职业的普遍认同来看,教师是一个特殊的行业,不仅身份特殊,责任和使命也特殊,社会大众对教师有很高的尊重和期待。利用家长做微商牟利,违反了教师的职业操守,这样的做法对幼儿是极其不负责任的。其次,教师是教育领域的专业人才,对于其所售卖的所谓"商品",并不具备合法的资质和相关领域的专业鉴别水准,一旦这些商品出问题,教师也要担责,后果难以估计。最后,教育部印发的《严禁教师违规收受学生及家长礼品礼金等行为的规定》,划定了严禁教师收受家长财物、推销和经营性活动的红线。教师从事微商营利性活动有被重处的案例。专注本业、爱岗敬业、激发对每一个幼儿不含杂质的大爱、公平之爱是教师的天职。

四、纸质交流

家园联系册、幼儿成长档案、家长问卷等纸质交流形式是幼儿园家园共育比较传统的方法,区别于随机产生的日常交流和网络交流,纸质交流的形式更有计划性,更容易体现幼儿教师的专业性。在当下的网络时代,教师和家长一笔一画的"笔谈",把孩子的发展情况以及对孩子的希望寄托于纸上,无疑具有不可取代的独特价值。表4-6列出了家园共育纸质交流的几种形式、主要内容和作用以及使用技巧和注意事项。

表4-6◆纸质交流工作要点

类型	主要内容和作用	使用技巧和注意事项
家园联系册	定期(每周、每月或者每个学期)由教师根据"纲要"和"指南",对幼儿的身心发展、行为表现做出评价,对家庭教育提出指导,再由家长写上反馈意见。对于教师是很宝贵的专业成长资料,对于家长而言也是很宝贵的家庭教育梳理	

续表

类型	主要内容和作用	使用技巧和注意事项
幼儿成长档案	教师定期或不定期地把幼儿成长的痕迹以照片、漫画、文字等活泼生动的方式记录下来,可以是教师对幼儿的行为观察记录,也可以是孩子们在幼儿园里发生的各种趣事趣语。家长也用同样活泼多样的方式记录下孩子在家庭生活中成长的点点滴滴。坚持积累一段时间以后,会成为家园交流沟通最温馨美好的一页,也是见证孩子成长的重要资料	1.家园沟通交流的纸质资料,特别容易放大教师的文字功底和素养。教师平时要多注意阅读和书写的练习,提升个人的综合素质 2.家园联系册和幼儿成长档案不是走过场,一定要体现出教师对孩子真实的观察、专业的分析、背后折射出的是幼儿教师正确的儿童观
家长问卷	定期不定期地收集家长问卷,是家长参与幼儿园监督管理的重要方法。可以了解家长对幼儿园工作客观、冷静、真实的看法,便于教师改进工作	

第三节 乡村幼儿园家园共育中的特殊问题

如本章开篇案例所述,乡村幼儿园由于留守、寄宿儿童较多,隔代教育问题突出,在家园共育工作方面除与城市幼儿园相同的共性问题之外,在实际工作中,容易遇到一些相对特殊的问题。主要包括突发意外事件情况的处理流程和家园配合、幼儿反复争吵与打斗导致的家园矛盾处理、帮助乡村留守儿童解决特殊困难等方面。本节将就上述问题提出工作建议,供广大乡村幼儿园教师根据实际情况有选择地借鉴和运用。

一、突发意外事件情况下家园如何配合

(一)突发意外事件的沟通和处理方法

无论是城市幼儿园还是乡村幼儿园,都可能会遇到一些无法避免的突发意外情

况。遇到突发意外情况时,教师的处理方法和流程体现着教师的家园共育管理能力状况。对于突发意外情况处理得好,可以避免事态进一步恶化,更好地保护幼儿生命安全。表4-7列出了两种常见的突发意外事件中家园沟通处理方法的要点和注意事项。

表4-7 ◆ 突发意外事件时的沟通和交流

类型	沟通处理方法	注意事项
幼儿受伤送医	1.一旦确认幼儿伤情需要就医,第一时间通知家长,同时根据幼儿伤情,由专业的保健医生和班主任陪同就医,确保当班教师能够清晰准确地描述受伤的情景和经过 2.在家长还未到达医院时,先安抚家长情绪 3.倾听家长感受,理解家长心情,勇于承担责任,积极面对和担当,不推诿逃避 4.受伤幼儿在家休息期间,到家看望幼儿,随时关注幼儿恢复情况,组织班上的小朋友通过手机视频慰问 5.在幼儿基本康复,准备返园之前,协同幼儿园保健医生或幼儿主治医生,再次与家长沟通,确认幼儿可以正常返园,参与幼儿园活动	1.在紧急情况下的家长交流,首先是家长认可教师平时对幼儿的关心和爱,没有积累的矛盾和怨气。这样良好的沟通基础,是建立在教师平时对孩子一点一滴的付出上的 2.在教师明确并且遵守幼儿园安全制度,明确并且遵守教师工作职责和师德规范的情况下,大多数幼儿的意外受伤都会得到家长的谅解。这也直接关系到教师是否能说得清孩子受伤的整个过程,便于安抚家长情绪,更利于教师反思和改进安全工作 3.对于受伤需要就医的幼儿,第一时间通知家长是非常重要的,提前沟通和事后才说(甚至隐瞒)是完全不同的结果
突发传染病在班级蔓延	1.在无疫情的情况下就要通过家长会、家长学校、班级微信群定期向家长普及传染病防控知识和相关部门的要求 2.一旦班级出现疫情,严格遵照相关部门的要求采取相应措施,并取得家长支持和配合 3.对家长隐瞒疫情只会招致更大的恐慌、谣言和对幼儿园的质疑。应该召集紧急家长会,让家长清晰地了解到幼儿园在传染病防控方面的专业和作出的努力,同时再次向家长进行传染病隔离、患儿护理的相关宣教,取得家园一致的配合	4.通知家长的时候,需要注意语气和措辞,以免因家长情绪不稳定造成次生事件 5.与家长交流和沟通时,需要首先站在孩子的立场上,切忌一味为自己的工作辩解 6.如果幼儿受伤是因另外的幼儿造成的,教师要提前做好准备,化解家长之间的矛盾,以免矛盾转移并激化 7.对于实在沟通不了,过渡维权、违法威胁教师的家长,幼儿园和教师要学会用法律的武器保护自己

(二)避免家园矛盾激化的实用工具

案例4-10是某幼儿园安全管理规定的一部分。其中列出了防止幼儿园意外伤害的安全措施、对教师的管理要求以及事故发生后的处理流程。很多内容看似是要求教师，跟家长没有关系，但是其实是从源头上尽量减少幼儿意外事故的发生，避免家园矛盾的激化。比如规定当中要求教师带班时间不穿高跟鞋、不留长指甲等要求，一方面规范了幼儿园教师的职业形象，同时也把幼儿的安全保障做细做实。曾经有幼儿园发生过教师高跟鞋踩伤幼儿导致手骨骨折的事件，也有教师的长指甲刮伤幼儿眼睛的事故。曾经有家长投诉幼儿园多名工作人员长期带着"美丽的长美甲"处理幼儿食物，导致幼儿铅中毒，老师服饰上掉落的小珠子被幼儿塞到了鼻腔和耳道中，经手术才取出……在事故处理的过程中，因教师服饰导致的意外很难界定事故性质，容易让家长怀疑体罚，情绪激动，激化社会矛盾，使得家园沟通陷入被动局面。

案例4-10

小雨点幼儿园安全管理规定(节选)

(1)早班教师在规定的时间必须在岗，不得让家长单独留幼儿在教室或其他地方，在教师不在的情况下独自取走接送卡。

(2)确保全体幼儿在自己的视线范围内，随时清点幼儿人数，不得以处罚的形式把幼儿单独留在任何地方，或交由其他班级教师看管，不得让幼儿离开为教师取物品、做事等。

(3)在户外活动时，幼儿如需上厕所，教师可请保育员处理并负责其安全，但需细心留意幼儿去向、时间等。待幼儿回来以后，教师与保育员清楚交接该幼儿情况。

(4)平时要对幼儿加强安全教育及有效的常规培养，如：上下楼常规、户外活动等，培养自我保护能力和安全意识；做到"眼快、脑快、口快、手快"，对幼儿的不安全行为及时制止及教育。

(5)平时做好家长安全规定的宣传工作，注意幼儿有无携带不安全物品，一经发现妥当安置，并与家长进行交流。教师注重形象，着装需得体，不得穿低、露、透及戴有危险饰品的服饰、不得穿高跟鞋、拖鞋和长筒靴、不得浓妆艳抹、不散发、不得留长指甲及染指甲，以免教师着装不当给孩子造成伤害。

(6)幼儿午餐后，必须经过半小时的安静活动才能上床午睡，值午睡时教师和配合值午睡的保育员做好午检工作(如危险品、饰品等)加强巡视盖被，纠正睡姿、观察幼儿有无异常；严禁睡觉、聊天、离开幼儿、玩手机等行为。

7.幼儿意外伤害的处理流程:

①幼儿发生意外伤害后,根据幼儿受伤情况及程度(不能移动的)保育员立即电话通知保健医生赶到幼儿受伤处,保健医生认为需到医院处理的马上由保健医生陪同送往医院,在送医院的同时电话通知家长。能在幼儿园处理的小问题(咬伤抓伤等小伤),由保育员带到保健医生处进行处理并做好记录,当班教师当天主动告知家长,并在交接班记录上写明。

②交接班时间为14:20分,接班老师在接班时应确认幼儿人数及安全细节,后再在交接班记录上签字,一经签字,所有责任由接班老师承担。交班老师疏忽大意或故意隐瞒情况,未将幼儿安全及情绪等情况交代给接班老师的所有责任由交班老师承担。

③值班行政领导和保健医生在查班、巡班时如果也未发现幼儿受伤情况的(裸露部位明显伤痕),承担双倍处罚。

④未执行以上幼儿受伤流程的班级和教师,导致不良后果的,承担法律规定的相应责任。

8.当班时间必须保持注意力高度集中,教师不得闲聊,不得以任何理由离开幼儿。在有异常问题的情况下,应及时电话通知行政领导或保健医生,若教师已及时通知,相关人员未及时做出处理,则由相关人员承担责任。

分析

幼儿园的安全管理制度是幼儿园制度体系中非常重要的一个部分,和幼儿安全管理相关的安全制度应该覆盖幼儿园工作的方方面面。幼儿园安全制度建设也必须得到家长的密切配合才能完备和落实,也是家园共育工作的重要内容。比如案例中关于幼儿着装、携带物品、接送安全、受伤后的处理流程等规定,如果家长对于相关内容不理解、不支持、不配合,所有规定都无法落实。幼儿的安全难以通过幼儿园一方面的工作得到保障,跟家长配合有关的安全制度和规定,从制定之初就需要家长积极参与建言献策,制度出台以后,更需要通过家长会、家长学校等多种渠道反复地向家长宣传,使制度的推进和执行落地。

现在几乎所有的幼儿园都安装了监控系统,一旦幼儿在园内发生了身心伤害,或者是家长以为的伤害,监控系统是非常重要的事故处理依据。但是极少数家长存在过分敏感、过度维权的情况,家长频繁地要求调看监控,甚至要求幼儿园监控系统与家长的私人手机联网,给幼儿园的管理工作带来了很多困扰。幼儿园的监控系统除了保障全体师生的安全,某种程度也保护着全体幼儿的隐私,调看幼儿园监控音视频资料是非常严肃的行为。幼儿园提前与全体家长明确说明幼儿园的监控管理规定,可以避免家长情绪激动要求调看监控的情况下陷入被动局面。以下案例是某幼儿园监控调看的系列流程规定,是家园工作当中非常实用的工具。

案例4-11

幼儿园监控管理制度

为了加强幼儿园监控系统的管理,确保监控系统的正常使用和安全运作,特制定本制度。

(1)监控室值班人员必须严格遵守交接班时间,做好交接班记录及监控运行情况,不得擅离岗位,未经允许不得随意代班、调班。

(2)值班人员有责任做好监控保密,拒绝与监控室无关人员进入,杜绝视频、照片资料外流,因个人失职造成的纠纷、损失及法律责任由监控室值班人员承担。

(3)监控设备密码只由专人知晓,杜绝外露,任何人不得私自调看监控,不得利用监控设备做与工作无关的事情。

(4)密切注意监控设备运行状况,保证监控设备系统的正常运作,发现设备出现异常和故障要及时打电话向工程部报修,并在监控管理群里发监控故障上报信息。

①监控故障因值班人未及时报修造成的后果由值班人承担。

②值班人报修后,因工程部原因未及时维修所造成的后果由工程部承担。

③以上两条以监控微信群里故障上报时间为责任划分的时间依据。

(5)任何人不得擅自改变视频系统设备,设施的位置和用途,不得删改、破坏视频资料原始数据记录,不得擅自复制、转录、提供、传播监控视频信息。

(6)要保持室内的清洁卫生,不准在监控室内存放杂物和个人物品。

(7)行政领导每天上班前查看全部监控运行情况及监控记录情况,向值班人了解监控相关信息,做好监管工作。

(8)监控录像涉及他人肖像及隐私,任何人不得随意调看监控录像资料,凡要求查看录像资料,必须按《幼儿园调看监控流程》要求办理相关手续,并有派出所警员、幼儿园安全主管陪同方可调看。

(9)监控室值班人员有权利、责任和义务拒绝未按《幼儿园调看监控流程》要求办理相关手续的个人和部门调看监控。

××幼儿园

案例4-12

幼儿园调看监控流程

(1)与行政领导进行调看监控原因情况交流。

(2)申请调看人提供书面申请。

(3)填写《幼儿园调看监控录像审批表》。

(4)在幼儿园管辖派出所报备,签署审批意见,签章。

(5)幼儿园安全主管签署审批意见,签章。

(6)填写《幼儿园监控调看记录表》。

(7)签订《幼儿园调看监控责任书》。

(8)由派出所警员、幼儿园安全主管陪同申请人本人调看对应申请日期、时间、位置的监控录像。

××幼儿园

案例4-13

幼儿园调看监控录像审批表

申请人	姓名		性别		电话	
	身份证号码			住址		
申请调看监控事由						
申请调看日期及时间段						
申请调看监控位置						
幼儿园意见		(签章)				
幼儿园管辖派出所意见		(签章)				

案例4-14

幼儿园调看监控录像资料责任书

本人已按《幼儿园监控调看流程》办理相关手续,在知晓监控录像资料涉及他人肖像及隐私的情况下,主动申请调看幼儿园监控,承担本次调看监控引起的纠纷、损失及法律责任。

调看人:＿＿＿＿＿＿＿＿＿＿＿(签字按手印)
身份证号码:＿＿＿＿＿＿＿＿＿＿
派出所警员:＿＿＿＿＿＿＿＿＿＿(签字按手印)
幼儿园安全主管:＿＿＿＿＿＿＿＿(签字按手印)
日期:＿＿＿＿＿＿＿＿＿＿

案例4-15

幼儿园调看监控记录表

调看监控日期:　　　　调看监控时间:

申请调看人	姓名		性别		电话	
身份证号码			住址			
查看监控日期及时间段			调看监控位置			
监控设备操作人签字			幼儿园安全主管签字			
派出所警员签字						

(三)幼儿之间反复争吵与打斗的情况下如何获得家长的理解与配合

幼儿还未学会用正确的方法解决和同伴之间争执的时期,容易发生互相打斗受伤的情况。特别是小班新生,更容易发生这样的矛盾。有些小朋友总是打人抓人,家长提到他(她)的名字很生气。有些小朋友总是被打,小脸上天天挂着伤,让家长特别心疼。无论是反复打人还是反复被打,都给家园配合造成了很多困扰,解决这类矛盾是小班教师的必修课。《3—6岁儿童学习与发展指南》中提出,对于3~4岁的小班幼儿,教师要培养他们学会对同伴"友好地提出请求,在成人的指导下,不争抢和独霸玩具,与同伴发生冲突时,能听从成人的劝解",可见,小班幼儿还需要一个学习和成长的过程才能逐渐学会交往的基本规则和技能。随着幼儿的社会性发展,他们逐步学会相处与合作,在遇到困难时会协商解决,简单粗暴地解决问题的情况减少了。

既然这类矛盾更多发生在小班,那么新生家长的工作就特别重要了。在新生家长见面会上,教师要向家长预先说明小班幼儿容易发生抓、咬等行为的原因,提前取得家长对幼儿园工作的理解。同时也要告诉家长,幼儿园是如何通过专业手段保障所有幼儿生命健康安全,尽量避免他们之间不必要的矛盾,比如:提供足够的空间与环境材料,有序安排一日各项活动、加强对幼儿社会性发展的引导和教育、了解班级里不同幼儿的性格和行为特点、加强教师的责任心和专业技能水平、提前对有可能发生的幼儿争端作出预判和处置等等。

一旦争执或伤害发生,教师应及时处置,主动与双方家长沟通,家长要冷静对待,尤其要做好家中老人的工作,千万不能家长私自找对方幼儿或幼儿家长争执,激化矛盾。

教师需要在不断的学习思考和工作实践中加强班级管理水平,幼儿也需要在集体生活中逐步学会相处、学习合作、互相友爱,家长们也需要逐步学会面对和处理孩子在幼儿园遇到的各种困难。只有解决好这些小矛盾,整个班级良性互动的氛围建立起来了,家园共育工作才能顺畅。

二、乡村留守幼儿家园共育的常见困境及解决建议

乡村幼儿园的留守儿童由于父母外出务工,多由祖辈照顾,再加上很多山区居民居住分散偏远,幼儿从3岁开始就在幼儿园寄宿,成为"乡村、留守、寄宿"儿童。在身心发展的关键时期长时间缺失父母和家庭的关爱,幼儿的心理和成长需要被忽视,极易给他们的一生留下阴霾。

留守幼儿的父母在外务工,而成为他们主要养育者的祖父母要么为了弥补父爱母爱的缺失,对幼儿无底线地溺爱,要么在照顾幼儿的同时还要兼顾家中繁重的农活和家务,无暇顾及幼儿。大多数乡村幼儿的祖父母还存在文化缺失的情况,教师很难

组织有效的家园沟通活动。由于各方面条件的限制,乡村幼儿园教师即使能够意识到上述问题的严重性,在帮助留守儿童的工作中也存在着重重困难。有的乡村幼儿园教师一腔热情地组织一个家长会,不仅来参加的家长寥寥无几,而且参加会议的爷爷奶奶们连汉语都听不懂,无法和老师沟通。有的寄宿幼儿夜间高烧,教师根本无法联系孩子的家长,只能由老师自己想办法把孩子送到医院,自行和医生沟通孩子的治疗方案并守在孩子病床前……

除了家长的问题,乡村幼儿园教师自身也存在工资待遇低、自己的小家庭难以照顾、工作时间过长等等困难,使得他们的家园共育工作需要更多的指导、帮助和支持。

无论如何,孩子的幼儿时期只有一次,针对乡村留守儿童的教育和关爱亟待重视。乡村幼儿园教师需要从多个方面,在有限的条件下多方面利用资源,尽可能地争取家长的支持和配合,帮助留守儿童及其家长解决实际困难,参与到幼儿的教育和成长过程中来,帮助幼儿形成阳光的性格、长成健康的体魄、养成良好的习惯,让他们拨开云雾快乐成长。建议乡村幼儿教师从以下几个方面入手,结合自己幼儿园和班级的实际情况,积极利用已有条件开展家园共育,帮助乡村幼儿和家长。

1.运用网络开展家园共育

在教师与父母难以见面的情况下利用先进的通信条件,通过电话、拍照和音视频加强与家长的联系,让幼儿和家长通过网络能够经常互相见面。

2.把握时机开展家园共育

分析班上每一个幼儿的家庭成员情况,及时了解父母的返乡信息,抓住宝贵的时机,邀请父母进入幼儿园参与家园活动。多渠道向家长宣传幼儿的教育、保育、营养等方面的知识,让家长尽可能关心幼儿。

3.调动祖辈积极性开展家园共育

幼儿的隔代教育可能有各种各样的问题,乡村的爷爷奶奶也许没有很高的文化素养,有些甚至不识字。但是他们大多数都对自己的孙辈有着质朴浓重的爱,他们宝贵的生产生活经验也可以为幼儿园提供优质的乡土教育资源。教师如果能够耐下心来,多想办法用心加强和爷爷奶奶们的沟通,他们也可以成为幼儿家园共育的好帮手。有的少数民族地区的幼儿园开家长会,专门为爷爷奶奶准备了会讲民族语的"翻译"老师,会议内容用普通话讲一句,再用民族话翻译一遍,坐在下面的爷爷奶奶们在幼儿园里听到了亲切的乡音,脸上笑开了花,参与幼儿园工作的意愿得到了激发,老师讲的话也更愿意接受了。还有的乡村幼儿园,意识到爷爷奶奶里有很多能工巧匠,利用农闲时间,把爷爷奶奶请到幼儿园带着小朋友做木工、干农活、做民间工艺品,开发了适合自己幼儿园的接地气的课程。爷爷奶奶的参与,弥补了幼儿父母关爱的缺失,幼儿园里有爷爷奶奶制作的有温度的小制作,让孩子的内心感受到了来自教师和祖辈双方的温暖。

4.教师提高职业素养开展家园共育

在家庭教育与关爱不得不缺失的情况下,幼儿园教师作为与幼儿日常接触最多、最亲密的人,就需要发挥自身的专业素养和价值,积极为幼儿阳光积极的身心发展环境创造条件。在父母之爱缺失的情况下,教师就是孩子的"爸爸妈妈",除了专业的自觉和清醒之外,在日常的相处中,生活上多关心孩子,蹲下来倾听他们的心声,在他们需要的时候给他们一个拥抱,为他们解决困难,让孩子从教师身上体会到母爱的温暖。创造环境,利用各种各样的丰富多彩的园内活动让幼儿体会到大集体的快乐和温暖,弥补家庭温暖的缺失。

5.制度保障开展家园共育

幼儿园通过建立健全各项制度,向家长宣传国家相关未成年人保护的法律法规,健全幼儿园家园工作的法律保障体系。这些制度和举措一方面可以促进家长更多地参与幼儿成长过程,尽到为人父母必尽的责任,更好地保护儿童;另一方面可以提前为幼儿园防范不必要产生的法律风险和纠纷,让幼儿园把精力更多地放在幼儿的保教工作上,使得家园共育工作得以顺利开展,真正促进乡村幼儿的身心健康发展。

第五章
乡村幼儿园与社区合作共育的策略

学习目标

◎ 乡村地区幼儿园活动开展可依赖的社区、人文和自然资源。

◎ 乡村幼儿园与社区合作共育的策略。

思维导图

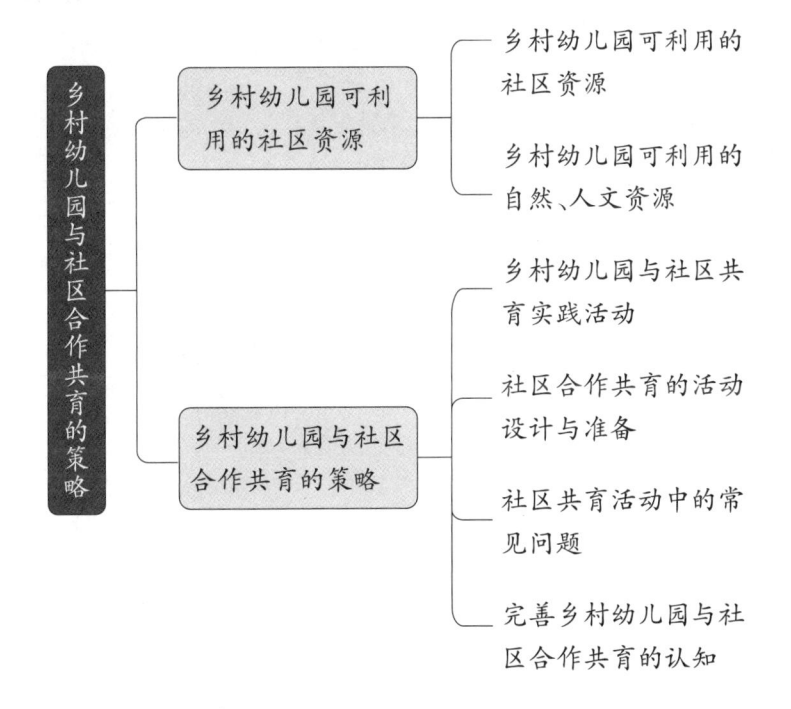

乡村幼儿园与社区合作共育的策略
- 乡村幼儿园可利用的社区资源
  - 乡村幼儿园可利用的社区资源
  - 乡村幼儿园可利用的自然、人文资源
- 乡村幼儿园与社区合作共育的策略
  - 乡村幼儿园与社区共育实践活动
  - 社区合作共育的活动设计与准备
  - 社区共育活动中的常见问题
  - 完善乡村幼儿园与社区合作共育的认知

小案例

亮亮(50个月)是生活在我国中部一个乡村家庭的宝宝,已经在当地的乡村幼儿园学习生活了一年多,他已经能够完整地与别人交流,实现基本的知识学习和掌握。但是亮亮所在的幼儿园只有三名老师分别负责大班、中班以及小班的教学,也就是说在幼儿园期间只有一名教师负责管理和教学任务。我们对亮亮进行提问,让他指出4的相邻数,亮亮并不能直接给出答案,需要经过提示才能完成,对数学的掌握还有待加强,相对应的语言、儿歌等掌握情况也不是很好。另外针对亮亮所在的幼儿园区教学设施考察,也发现存在着许多的不完善不健全现象。

大思考

(1)亮亮为什么没能够高效地答出"4的相邻数"这个问题?

(2)亮亮所在乡村幼儿园的教师存在怎样的问题?

(3)整体来看,亮亮所在的幼儿园在教学过程中存在哪些需要改进的地方?

幼儿的学习和成长离不开幼儿园,幼儿园是孩子学习和成长的重要领地,在这里幼儿可以获得多种能力的发展。可是,乡村幼儿园的教学水平仍旧比较低,各方面的教学设施也不完善,直接影响幼儿园教学工作的开展。当前乡村幼儿园发展的过程中,仍然存在一些不足之处,诸如教学设施落后、师资水平差、教研资金缺乏等问题。伴随着乡村幼儿教育事业的发展,人们开始从社区合作共育角度,推进乡村幼儿园教学工作,而这种合作共育方式也给乡村幼儿园的发展带来了机遇。本章将结合乡村幼儿园的教学情况,就如何实现乡村幼儿园与社区合作共育展开如下阐述,说明二者合作共育的有效策略。

第一节 乡村幼儿园可利用的社区资源

在对乡村幼儿园社区资源调查和分析的基础上,结合乡村幼儿园教育教学发展特点,力求找到二者之间最高效的结合方式,以实现乡村幼儿园的可持续发展。针对乡村幼儿园可利用的社区资源可从社会机构与人力资源、自然与人文资源方面分别展开阐述。

一、乡村的社会机构以及人力资源

将社会机构及人力资源纳入幼儿教育事业是乡村振兴计划的一部分,引导乡村幼儿园与当地社区合作,可以极大地促进乡村幼儿教育的发展,也有利于为幼儿营造一个良好的学习与成长环境,使得幼儿教育的效果得到显著提升。所以,在乡村教育中,我们有必要利用乡村当地多元的社会机构及人力资源,联合发展乡村当地的幼儿教育事业,最终实现乡村当地幼儿园教育水平的高效提升。

(一)村委会

村委会是村民实现自我管理、自我教育、自我服务的农村基层群众自治性组织,对农村社会的稳定发展具有重要的功能和作用。在今天的新农村,农村的幼儿园是如何处理村委和村民、政府关系的?以及如何发挥村委的作用的?这些问题都直接影响幼儿园的建设和协调发展。只有幼儿园与村委会实现互相帮助,形成合力,才能实现幼儿园教育整体合作。

幼儿园与村委会互帮,即互相帮助,达到资源共享,如幼儿园为村委会活动开放操场、教室、多媒体室、活动室等,村委会为幼儿园提供社会实践教育基地等。

幼儿园与村委会互促:互相促进,互相推动。如:组织幼儿参加村委会公益性活动等。以提高村民素质为己任,统一认识,统一目标,协调工作,作用互补,最后有机结合,形成教育合力。

(二)社区卫生院

社区卫生院主要为社区成员提供公共卫生和基本医疗服务,具有公益性的特点,不以营利为目的。有些属于全民所有制,有些属于个体所有,但是其本质不变。社区医院、街道医院等同属社区卫生服务机构。

幼儿园与社区卫生院合作的第一个项目就是健康教育。健康教育就是通过传播健康知识和技能,从而影响个体和群体行为,最终消除或者减轻危险因素,以达到预防疾病、促进健康的目的。社区卫生院可走进幼儿园为幼儿、老师进行健康教育讲座、健康培训、义诊等活动。其中,乡村幼儿园可以从当地各种社会机构中获得帮助与支持。比方说,在幼儿健康教育方面,乡村幼儿园就可以联合本辖区内的乡镇卫生所、医院,邀请他们的医生到幼儿园为老师和家长讲解一些与幼儿卫生保健有关的常识性知识,从而利用乡村辖区内的社会医疗资源来弥补幼儿园在幼儿健康教育方面的不足。

幼儿园与社区卫生院合作的第二个项目就是预防接种服务。其中,一类疫苗是免费的,二类疫苗是自愿接种但收取费用的。

幼儿园与社区卫生院合作的第三个项目是0~6岁儿童健康管理。孩子出生一周内,社区医生要上门为新生儿访视。以后,一直到六周岁共有十二次免费体检。其中,6个月、18个月和30个月分别要为婴幼儿免费检测一次血常规。辖区内六周岁以前的孩子,有关喂养、护理、健康指导、常见病家庭诊疗等都可以通过微信向社区儿科医生咨询。

(三)社区活动中心

社区活动中心是推动建设新社会主义新农村的重要因素和手段,旨在促进农村地区和谐稳定的生活,建设社会主义和谐社区。促进经济发展,稳定社会,提高人民生活质量。现在,公共服务项目和内容涵盖了人民的物质生活和精神生活的各个领域。例如,电影院、音乐厅、舞蹈俱乐部、象棋厅、公园、体育馆、图书馆、博物馆、公园、广场等。让孩子在生活中参与各种场域的活动,以感知、学习,并且获得快乐,符合幼儿经验积累和认知学习的特点。

(四)周边小学

幼儿园教育与小学教育是一个系统整体,它特有的连续性和阶段性,就要求幼儿园教育与小学教育要做好幼儿园与小学的过渡期的衔接工作,也就是我们常说的"幼小衔接"。小学生活与幼儿园生活相比在学习环境、学习内容、课堂组织方式及考核方式方面都有着明显差异。大部分幼儿从幼儿园毕业进入小学后立即感受到了来自各方面的巨大压力。针对这一情况,幼儿园可利用社区中周边的小学的教育资源,开展一些相适宜的活动,让幼儿了解学校与幼儿园的异同,观摩小学的一堂课、升旗仪式,了解小学生课间10分钟要怎么安排、一日作息时间的安排、小学每天上几节课,上下课应该注意些什么等。通过幼儿园与社区的配合,帮助孩子成功度过人生中的关键期。

(五)人力资源

《幼儿园教育指导纲要(试行)》中提到:"幼儿园应与家庭、社区密切合作,与小学相互衔接,综合利用各种教育资源,共同为幼儿的发展创造条件。"在社区资源中,人力资源是最为丰富的,其中最核心的力量就是幼儿的家长。家长们来自不同的家庭,有不同的职业、不同的经历、不同的特长,有的善于种植、有的精通手工技艺、有的善歌善舞、有的是参加过战斗的老红军等等。幼儿园要鼓励动员广大家长,欢迎他们走进幼儿园、走到孩子的活动中,参与幼儿园的各类活动。成为幼儿园多样化课程的宝贵资源和力量支持。

案例 5-1

轶事记录

小春(32个月)所在的乡村幼儿园在2020年引进了两名大学生,并且在9月份开展了当地文化宣传活动,借此机会邀请了镇上负责艺术推广的宣传部门工作人员开展了艺术专题教育教学活动,组织孩子们在音乐和美术方面开展了丰富多彩的体验活动。在这个过程中,小春认识了诸多艺术样式,特别地,也接触到了电子乐器等新奇的艺术形式,对艺术领域充满了好奇心和学习兴趣。

分析

小春在艺术宣传活动中表现出了强烈的积极性和好奇心,并且对乐器产生了很大的兴趣,也就是说,小春能够在这个活动中开阔眼界、找到自己的爱好,并且从中收获快乐,在幼儿艺术启蒙的阶段汲取了丰富的营养。当地乡村幼儿园引进大学生,弥补了幼儿园师资力量的欠缺,并且为幼儿园教育活动的开展注入了新的活力。

二、乡村社区自然与人文资源

(一)地域农业特色

我国幅员辽阔,不同地域有着多样的气候和复杂的地形,孕育着丰富的自然资源。农村幼儿园的环境可利用瓜果、蔬菜、稻草、松果、树枝、种子、麦秆、豆壳、葫芦等常见的植物资源进行创设。这样既经济环保,又散发着浓郁的乡村气息,蕴含着独特的地域特色。

在区角活动中,教师也可投放农村幼儿较为熟悉的材料,当幼儿看到熟悉的材料和玩具,探索的欲望油然而生,对材料的操作也显得自然。比如:在美工区幼儿利用熟悉的材料进行一系列"大变身":稻草扎出了稻草人,石头变成了稻草人的眼睛,玉米棒变成了稻草人鼻子,花生壳涂上红色变成了稻草人的嘴,橘子皮串起来变成了稻草人的项链;在益智区孩子们用树叶、绿豆、石子探索着物体的沉与浮;用放大镜在阳光的照射下形成的焦点点燃一团棉花……孩子们根据老师投放的材料自由选择,由简到难,由浅入深,在游戏中学会了探索和操作的方法。这一过程,幼儿的动手动脑以及操作能力得到了锻炼,对材料"一物多玩"地使用也拓展了幼儿的发散性和创造性思维。

(二)自然资源

陈鹤琴先生指出:"大自然、大社会是知识的主要源泉。"农村有着许多得天独厚的自然环境,是大自然厚赠给农村孩子的教科书,是幼儿所熟悉的乐意接受的事物。乡村幼儿园拥有的极其丰富的自然生态资源:山川湖泊、鱼塘沙地、山坡稻田、花草树木、禽鸟鱼虫、矿产、农产品、四季变化、节气环境、气温气候等。

农村自然资源是农村基础教育的主要资源,其中地形和地貌资源也成为农村幼儿园体育活动的有效资源。农村幼儿园体育活动的运动器械虽然缺乏,但幼儿园可利用山坡、小沟、树林、河流开展体育活动。《幼儿园教育指导纲要(试行)》中明确指出,教师应"提供丰富的可操作性的材料,为每个幼儿都能运用多种感官、多种方式进行探索提供活动的条件"。教师还可利用农村丰富且现有的材料自制教玩具,以丰富幼儿的游戏活动,如:竹筒穿上线做成了高桥;稻草编织一下变成了垫子;木桩做成了跨栏;木头做成了平衡木……鼓励幼儿参与到"变废为宝"的制作中,不仅强化了他们的环保意识,还激发了幼儿的好奇心,发展了幼儿的想象力和创造性。

喜欢在自然环境中游戏是孩子的天性。幼儿园教师可把孩子带出幼儿园的围墙,走向田间、地头,让大自然成为幼儿的游戏天地。瞧,幼儿园旁的菜地里,孩子们用石头堆砌成了一个简易的灶台,灶台上支一口锅,孩子们把树叶放在锅里炒起了菜;有的幼儿用沙子当米饭,有的幼儿用瓦片当碗玩起了"过家家";有的幼儿卖力地叫卖起来:"快来买呀,好吃的饭菜!"孩子们在自然有趣的情境中开展游戏,有了身临其境的体验,扩大了想象的空间,想象力和创造力得到了进一步的发展。同时,大自然能陶冶幼儿的情操,激发幼儿热爱大自然、热爱家乡的情感。

(三)精神资源

德育工作是幼儿教育的重要内容,幼儿园对孩子习惯、性格的养成,思想品德的培养,能够帮助幼儿适应社会生活,进而为促进社会主义精神文明建设打基础。农村幼儿园教师需要挖掘当地丰富的文化资源,如民风民俗、非遗项目、民间游戏、传统故事、历史遗迹等,组织幼儿开展丰富多彩的社会实践活动,通过生活中的亲身体验、动手操作等游戏活动,将高尚的道德品质、优秀的民族精神渗透于幼儿的生命底色中,潜移默化地培根润心、立德树人,培养幼儿良好的道德品质和道德人格。

(四)社区文化资源

幼儿时期,是一个人思想、性格、礼仪、道德等各方面形成的关键阶段。优秀的传统民间文化是中华民族的灵魂,是我国的瑰宝。《世界全民教育宣言》中指出:"教师要认识到农村具有的传统的知识和本土的文化遗产,具有固定的价值和效力,并能促进发展。"在幼儿园中进行优秀传统民间文化教育将对人一生的成长起到重要的作用。

傣族舞已成为德宏州芒市民俗文化的"名片"扬名海外,取材于农村生活改编而成的舞曲,已经深深地融入了每一个人的生活。德宏州幼儿园定期请傣族舞传承人到幼儿园为孩子们上课、表演。孩子们亲身感受到了本土文化的唯美与内涵,激发了他们热爱家乡、热爱生活的情感。

(五)民俗节日文化

我国是一个统一的多民族国家,各个民族的民俗节日较多。民俗节日来源于日常生活,依附于人民群众的情感和信仰,每个节日都有着丰富的文化底蕴和情感教育价值,同时,节日的风情习俗又是幼儿喜闻乐见的。农村幼儿园可结合民俗节日资源带领幼儿走进各村各寨,鼓励幼儿参与到丰富多彩的民族节日中,充分发挥民俗文化的情感教育功能。例如彝族火把节时组织幼儿参加篝火晚会,跳一跳欢快的左脚舞;傣族泼水节时组织幼儿用树枝蘸取,互相泼洒,祝福同伴在新的一年里吉祥平安;农历12月初的哈尼族节庆日里,可在幼儿园沿桌摆起长街宴;在彝族插画节到来之际,孩子们身着盛装、手捧鲜花、兴高采烈地唱起山歌,尽情欢乐,互祝吉祥。孩子们在一个个风情各异的民俗节日中感受了快乐,接受了民间传统文化的熏陶,为传承优秀的民族文化传统奠定了良好的基础,有效地培养了孩子们的社会意识和社会责任感,增强了民族自豪感。

(六)传统手工

传统手工艺活动起源于生活劳动,凝结了劳动人民的智慧与汗水,是中华民族精神情感的载体和民族特征的体现。例如:白族扎染、云南版画、摩梭织布、撒尼刺绣、建水紫陶等。传统民间艺术的运用能够增强幼儿园手工课程的本土性,使得幼儿园手工教学课程更加具有民间特点。悠远的传统民间艺术具有独特的文化特点,涉及的民间艺术造型较多,能够为幼儿园手工课程开展提供多功能性、多层次性、开放且丰富的制作素材,让幼儿园能够开展更多具有民间特色的手工艺术活动。

案例5-2

轶事记录

莹莹(42个月)是云南省哈尼族一个乡村幼儿园的学生,在传统节日"开秧门"这天,莹莹所在的乡村幼儿园开展了民族文化主题节日活动,孩子们纷纷穿着具有民族特色的服饰带着自己家制作的美食来到幼儿园。在开展区角活动过程中,教师也穿着民族服饰带领孩子们一起制作黄饭团、红蛋等传统食物。在这个过程中,莹莹非常开心并且询问老师什么时间还会有这样的活动。

分析

莹莹在传统文化节日"开秧门"主题活动中体会到了节日的快乐,也充分感受到了民族特色和手工艺制品的魅力,莹莹希望老师能够多多举行这样的活动,体现出了莹莹对此类活动的喜爱,孩子们在这个活动中被充分调动起来,活动中幼儿不仅能够感受民族文化,也丰富了认知经验,锻炼了多方面协调发展的能力。

第二节 乡村幼儿园与社区合作共育的实践活动

一、乡村幼儿园与社区合作共育的实践活动

乡村幼儿园与社区合作共育能够协助当地教育部门完成民办园的教育帮扶工作。乡村幼儿园可以利用当地的社会机构、自然及人文资源,对幼儿园的教育教学工作进行优化和改进,主要体现在主题活动、参观实践活动、职业体验活动、社会热点讨

论及邀请社区人士入园等方面,从而改善乡村幼儿园教育教学中存在的不足。

(一)主题活动

主题活动是幼儿围绕着一个主题,进行自主观察、探索周围现象和事物,教师适时适度地予以支持和引导的一种系列活动。它的特点是有核心、有主体、有连续性和发展性。教师要充分运用幼儿园和社区、家庭的现有资源,从而引起幼儿的学习兴趣,主题需含有多种教育价值,也要提供便于幼儿动手操作的各种材料,要促进幼儿的主动发展。例如:为了开展好多彩的秋天这一主题活动,我们邀请家长和孩子一起寻找秋天的果实,在寻找过程中孩子的视野得到了拓展、经验获得了提升、兴趣得到了激发,其中有几个孩子还特意回老家找来了棉花、高粱、小麦、扁豆、胡萝卜等,我们把孩子们从家里带来的各种各样的果实都展示在秋天的果实展区里,激发幼儿的探索兴趣;同时通过家长和孩子在家里一起动手拼摆果蔬造型,创造出了很多令人赞叹的作品,并将这些作品全都展示在了果蔬造型展示会展区里。

要想组织开展好主题活动,只有选择幼儿感兴趣的身边事物来确定好活动主题,不断地关注幼儿的兴趣、自主性、需要和创造,以幼儿发展为本的新思想,让幼儿在自主中学习和探究。在家园的共同合作中,通过丰富有效的活动,使幼儿在周围环境中不断探索、表现、操作并得到宽松、自主、个性化的发展。

(二)参观实践活动

幼儿园是社会的一部分,不可能脱离社会而单独存在。因此,幼儿园的"社会实践活动"应该立足本地,从幼儿园所处的社会环境中挖掘与开发社会资源,让幼儿园的社会实践活动具有长久的生命力。农村幼儿园可根据教学内容,结合社区资源,有目的地选择一些单位,建立"幼儿园社会实践活动基地"。让幼儿园的社会实践活动在基地专业人员的协助和指导下有条不紊地开展,帮助幼儿和教师了解更多领域的专业知识与技能。例如:工厂、部队、便利店、消防中队等领域是幼儿园课程中经常涉及的内容,教师也经常会采用"社会实践"的方式,组织幼儿参观、学习。

社会实践活动不仅为幼儿提供了一个发挥自我才能,展现自我风采的舞台,也是培养和锻炼幼儿综合能力的一个阶梯,它不仅充实了教学内容,活跃了教学气氛,拓宽了社会视野,掌握了实践技能,使幼儿学到了许多书本上学不到的知识,掌握了在幼儿园中学不到的技能,同时也缩短了理论与实践脱离的距离,是一个让幼儿接触社会的"演练场地"。幼儿园可通过挖掘丰富的社区资源,制订合理的活动方案,采取互动的活动方式、进行全面的活动反思等一系列途径,使幼儿园的社会实践活动变得更具操作性和实践性。

(三)职业体验活动

在幼儿的生活经验里,对职业是很感兴趣的,在他们身边有建筑工人、有警察、有老师、有售货员、有快递员。模仿是幼儿的特点,是少年儿童的心理特性。孩子越小无意模仿就越多。就是仿效别人的言行、举止与行为而使自己产生相类似的行为和心理活动。模仿是人类社会学习的重要形式,在个体社会化过程中起着很重要的作用。教师可以邀请孩子的父母和社区中不同的人来幼儿园共同分享不同的经验。例如:教师可以邀请少数民族的家长来谈谈本民族的烹调,喜欢传统音乐的人可以和儿童一起分享这些兴趣爱好,通过开展职业体验活动,孩子们接触"社会"、了解"社会"并成为"社会"的主人。

(四)社会热点问题

每个幼儿都生活在社会当中,每天都与周围环境发生着互动,生活中发生的一些事情常常影响着孩子。当"神舟十二号载人飞船"成功发射时,家家户户、老老少少都兴致勃勃地谈论着,孩子也不例外,教室里随处可听见他们的谈论声,"我长大要像聂海胜叔叔那样上天!""我也是,长大要当一名宇航员!"孩子们稚嫩的声音在教室里回荡,于是"我是小小宇航员"的活动得以生成,并如火如荼地展开。社会生活中的人和事都是幼儿认识的对象,"大自然、大社会都是活教材",因此教师也需要把握社会热点事件,引导幼儿围绕相关主题展开活动,培养幼儿对社会的关注和参与意识,深化幼儿的社会认知并积累有益的生活经验。

(五)邀请社区人士入园活动

社区中的成员来自各行各业,有着不同的职业和专长,社区中的人力资源十分丰富,有效挖掘并利用社区人力资源是促进社区与幼儿园共同发展的关键。农村幼儿园可邀请卫生所的医生、派出所的警察、大学生村官、消防员等进入幼儿园参与幼儿园的教育活动。社区成员的背景资源为教师开展社会性教育活动提供了丰富的可利用资源,农村幼儿园应深入挖掘社区中可用的各种人力资源,为幼儿园的教育教学开辟新的领地,全面促进幼儿的发展。

案例5-3

轶事记录

辰辰（37个月）所在的幼儿园当重阳节来到时，带着孩子们到老年大学里和老人们开展"我爱爷爷奶奶"联欢活动，孩子们回来后，就一直想着那些年迈的爷爷奶奶，"爷爷奶奶老了，弯腰弯不下怎么办？""我要请爷爷奶奶去我们家玩！""我要画张画送给老爷爷"……于是"爷爷奶奶，我爱你"的活动就产生了。辰辰在活动结束后表达了对年迈的爷爷奶奶的担忧，并且想要送给爷爷奶奶他自己亲手画的画。

分析

在活动中，孩子们懂得了尊敬长辈，能够乐意与人交往，学习互助、合作和分享。与爷爷奶奶的交往，一方面，让孩子们认识到了要如何关心长辈，也提升了他们的社会交往能力和亲社会行为能力，激发了孩子们尊敬爱护长辈的美好情感；另一方面，也为社区的爷爷奶奶送去了有温度的关怀，让他们感受到了孩子们纯真的爱意。

二、社区合作共育的活动设计与准备

幼儿园与乡村社区之间可以展开多方面的社区合作共育教学活动，社区合作共育活动是指有目的、有计划、师幼广泛参与、具有一定规模的综合性的教育活动。以下就以"我们村的植物"主题为例，阐述社区合作共育活动的开展要点。

（一）活动主题

参观乡村里的自然植被。

（二）指导思想

通过引导幼儿参与乡村社会实践活动，让幼儿走出幼儿园，体验乡村社区生活环境，以丰富幼儿的社会经验、增长幼儿的乡村见闻、开阔幼儿的生活眼界，使幼儿的综合能力有所提高和更全面地发展。

(三)活动目标

参观乡村里的自然植被,让幼儿运用天然的教学材料进行生活化的实践探究,了解和认识家乡的自然资源,并激发幼儿对家乡一定的环境保护意识。

(四)活动准备

在开展具有乡土气息的共育活动时,一方面乡村社区有关部门应该向幼儿园主动开放相关的自然园林、种植区域,为幼儿园的教学活动组织与开展提供相关的便利条件;另一方面幼儿园也应该针对相关的共育活动主题,与具体的社区部门联系,商讨具体的共育时间、地点以及内容等,从而为幼儿园与社区的合作共育活动做好准备。

(五)活动内容

第一,资料的收集。与乡村当地的田野区、森林区、公园区等相关负责人联系,确定好幼儿前往这些区域的时间,让幼儿对乡村周围的绿化情况进行实地考察,并且引导幼儿在这些区域中收集相关的数据信息,如当地自然植被的生长环境、为当地乡村民众带来的好处、破坏自然植被的事例等资料,进而促使幼儿在活动中提升其观察、分析及动手能力。第二,环境保护的倡议宣传。在收集完相关的数据资料之后,可以进一步开展以"如何保护我的美丽家乡"为主题的活动,引导幼儿去思考破坏乡村绿化对人带来的危害,讨论如何走进社区进行绿色环保的宣传。第三,绿色环保宣传的具体实施。教师带领幼儿走进当地乡村社区进行绿色环保宣传、粘贴相关的环保标语等。

(六)活动实施过程

首先,在课堂上展开讨论。教师可以组织幼儿围绕"如何保护我的美丽家乡"展开讨论,引导幼儿参观与了解乡村当地的自然植被生长情况,给当地人民带来的好处,及其受到了哪些破坏等。之后,教师进行归纳和总结,从而回归活动主题——保护家乡。然后,让幼儿开动脑筋去想一想、写一写绿色保护倡议书,并且引导幼儿集体讨论如何进入乡村社区进行环保宣传,从而动员幼儿献出自己的智慧。最后,在活动实施过程中,乡村社区的有关部门也需要积极配合幼儿园的活动内容,帮助幼儿进入乡村社区进行环保宣传。比如,当地乡村的居委会,可以与教师一同带领学生到社区去观察自然植被的生长情况,并且去制止一些破坏绿色植被的行为,从而帮助幼儿园开展"如何保护我的美丽家乡"的主题活动,进而实现幼儿园与社区的合作共育。

(七)活动的时间安排

由于每一阶段幼儿的注意力集中时间存在差异。小班幼儿的注意力最集中的时间一般只有2~4分钟,中班幼儿一般为3~8分钟,大班幼儿一般为5~10分钟。所以,教师想要实现有效的合作共育活动,就必须注意活动的组织时间,控制好活动时间的长短,把握组织活动的最佳时机,使得活动可以发挥出最大的教育作用。

三、社区共育活动中的常见问题

对于乡村幼儿园与社区合作共育活动中的常见问题,主要有以下几点:

首先,在乡村幼儿园与社区合作共育活动中,仍然有很多幼儿教师忽略了将幼儿作为独立个体的个人感受,要求幼儿服从自己的教学指令,并且指定他们完成特定的活动任务。可是,幼儿也有自己的感情和意识,教师一味地要求幼儿服从教学指令,忽略他们个性化的学习感受,会导致师生之间长期处于不平等的教学关系之中,这会影响师幼互动的质量,进而对幼儿的身心健康发展产生不良影响。

以幼儿小班教学为例,小班幼儿年纪比较小,理解和认知能力也比较有限。所以,有些教师容易出现敷衍的教学行为,要求他们完成一些简单的活动任务,但是对幼儿的情绪变化观察不到位,常常忽略幼儿的实际感受。比如,在活动中,对于幼儿之间的打闹,很多教师都会及时地阻止,却对幼儿为什么会打闹没有做深入地了解,没有仔细去倾听幼儿的心声,久而久之师生之间变成了控制-被控制的关系,幼儿只会听从教师的指令,并对教师产生一定的陌生感和畏惧感,这不利于幼儿融入社区共育活动之中。

其次,通常幼儿教师会提前确定好幼儿要活动的内容以及时间,在有限的时间内要求幼儿完成既定的学习任务,尤其是在社区共育活动中,由于幼儿园需要社区的人力、物力支持,所以很多活动都比较固定、缺乏灵活性。这种活动方式略显枯燥和单一,忽略了幼儿的自主意愿,导致很多幼儿处于被动学习的状态,无法真正体会到活动的乐趣和满足感。同时,有些教师为了活动的便利,直接将网络中一些有趣的教学活动搬到社区共育活动之中,没有充分考虑到幼儿是否能够接受、能够适应,从而影响教育的效果。以幼儿手工课程为例,很多教师借助手工活动来锻炼幼儿的动手能力,也在网络上学习了一些教学课程。但是,在很多时候教师都会提前做好手工模板,让幼儿参照完成,没有给予幼儿想象和发展的空间,导致一些幼儿失去操作的兴趣。

再次,一般幼儿园接收的幼儿年龄都比较小,幼儿的思想和行为都不成熟,而且都比较活泼好动;所以,在幼儿管理过程中,幼儿园应该调整管理的松紧度,教师应该利用亲切、和蔼的态度去管理幼儿,才能让幼儿放下戒备心。可是,很多幼儿园为了方便管理,逐渐引入了小学化的教学管理思维,制定了比较严格的管理制度和规范,只要幼儿不听话,教师就会根据相关的制度和规范,对幼儿进行严格的管理和约束;虽然幼儿会听从教师的教导,但是也会让幼儿过早地成熟,无法对教师敞开心扉。这种现象在社区合作共育中也时有发生,乡村地区很多幼儿都比较好玩好动,需要教师着重关注幼儿的常规管理。可是,在乡村地区,由于教学资源有限,每位教师负责的幼儿人数也比较多,他们在社区合作共育中也将主要精力集中在了活动任务的完成上,很少顾及每位幼儿的参与状态。所以,一些幼儿会感觉到活动缺乏乐趣、缺少教师的关心,从而不愿主动参与合作共育活动。

最后,就当前乡村教育资源情况来看,乡村社区能够提供给幼儿园的教学资源显得匮乏。比如说,乡村的文化社区、机构部门比较少,尤其是在一些较为偏远的乡村地区,当地的文化资源也比较稀缺,社区工作的人才不足,都是阻碍社区共育活动开展的不利因素。

四、完善乡村幼儿园与社区合作共育的建议

(一)加强幼儿园和社区对合作共育的认识

当前,在一些落后偏远的乡村地区,幼儿园与当地社区的合作略显不足。同时,幼儿园与社区的联系也不够紧密。因此,乡村各方要真正理解和把握合作共育的教育精神,提高对合作共育的认识,并主动借助相关的交流平台,互相传递教育信息,从而互相帮助、互相合作,进而实现真正意义上的合作共育。此外,幼儿园自身也要主动与当地社区联系,与他们交流一些关于幼儿教育的政策,并尽可能借助社区的教育条件来补充幼儿园的教育资源,从而为幼儿创设出良好的学习与生活环境。

(二)幼儿园要重视教学理念的创新、发挥自身的"主力"作用

在合作共育过程中,幼儿园应该成为活动的"主办人",并将自身的主力作用发挥到最大,从而实现幼儿园与乡村社区的有效合作。因此,幼儿园要从自身情况出发,站在幼儿发展的角度,和社区交流与讨论适合幼儿发展的共育活动,并主动为活动设计具体的方案,与社区确定明确的活动时间,与社区搭建起良好的交流关系。同时,通过一些便捷的交流软件,如微信群、QQ群等,与社区进行及时的交流与沟通,从而让社区可以有效跟进和了解共育活动的情况,从而为幼儿园活动的组织与开展提供强有力的支持。

(三)改善教育策略

陶行知先生对农村教育提出了"活的乡村教育要用活的环境,不用死的书本"。教材的广义性是指:"从课程论的视角看,教材是课程标准规定下的课程内容在教学活动中转化的产物,它源于实质性的科学、文化、艺术、生活的各领域,并以计划的形式表现出来。"这种对教材概念的新的界定,提示我们应该给予"教材"丰富的内涵,并建立起"广义教材"的概念和观念。

从"课本才是教材"的狭隘观念中走出来,从农村儿童生活的环境中,从社会文化活动中,寻找丰富而适宜的教育内容和材料。

参考文献

[1] 王化敏.给幼儿教师的一把钥匙——幼儿教师教育实践策略指导[M]. 北京:教育科学出版社,2008.

[2] 左志宏.幼儿园班级管理[M].上海:华东师范大学出版社,2015.

[3] 梁慧娟.农村幼儿园管理[M].北京:教育科学出版社,2015.

[4] 虞永平,王春燕.学前教育学[M].北京:高等教育出版社,2012.

[5] 福建幼儿师范高等专科学校.幼儿园管理实用手册[M].福州:福建教育出版社,2016.

[6] 孙爱琴,赵静.质量视阈中乡村幼儿园"小学化"的话语分析与变革路径[J].西北成人教育学院学报,2019(2).

[7] 周念丽.图说幼教[M].上海:复旦大学出版社,2018.

[8] 姚师洵.乡村幼儿园留守儿童心理健康教育的困境与出路[J].岳阳职业技术学院学报,2018,33(6).

[9] 上海市中小学(幼儿园)课程教材改革委员会办公室.幼儿园教师成长手册[M].上海:华东师范大学出版社,2009.

[10] 刘云艳.幼儿心理健康教育[M].南京:南京师范大学出版社,2014.

[11] 汪娟,邱华翔. 幼儿健康教育与活动指导[M].北京:首都师范大学出版社,2019.

[12] 殷瑛,周卫蔚.试析农村幼儿园"乡村游戏"课程资源的开发[J].教育导刊(下半月),2014(7).

[13] 李季湄,冯晓霞.《3-6岁儿童学习与发展指南》解读[M].北京:人民教育出版社,2013.

[14] 卫岚.教师的情感艺术在幼儿园班级管理中的实践研究[D].上海:上海师范大学,2009.

[15] 钟鸣.幼儿园班级管理的策略研究[D].长春:东北师范大学,2010.

[16] 马绮蔚.幼儿园班级安全管理研究——以兰州市某幼儿园为例[D].武汉:华中师范大学,2016.

[17] 唐淑,虞永平.幼儿园班级管理[M].南京:南京师范大学出版社,1999.

[18] 贾若涵.幼儿园教师班级管理策略运用的现状及问题研究[D].沈阳:沈阳师范大学,2020.

[19] 教育部基础教育司.幼儿园教育指导纲要(试行)解读[M].南京:江苏教育出版社,2002.

[20] 陶保平.学前教育科研方法[M].第3版.上海:华东师范大学出版社,2016.

[21] 张富洪.幼儿园班级管理[M].上海:复旦大学出版社,2012.

[22] 张金陵.幼儿园班级管理[M].上海:华东师范大学出版社,2015.

[23] 周敏.浅谈培养小班幼儿安全意识的几点策略[J].中国科教创新导刊,2010(09).

[24] 夏风芹.关注"需要",帮助小班新生尽快适应幼儿园生活[J].科学大众(科学教育),2018(3).

[25] 叶彩云.大象和袋鼠——小班音乐欣赏活动[J].学前教育,1998(8).

[26] 江晓梅,王忠香,夏星海.农村隔代养育儿养育及营养状况调查[J].中国妇幼保健,2010,25(09).

[27] 黄祥祥.论隔代教育与儿童心理的发展[J].经济与社会发展,2006,4(04).

[28] 田静.隔代教养对幼儿心理发展的影响[J].文学教育,2015(23).

[29] 李康.小朋友是怎么学会撒谎的?[J]当代教育家,2018(6).

[30] 陈鹤琴.家庭教育——怎样教小孩[M].北京:中国致公出版社,2001.

[31] 李季湄,肖湘宁.幼儿园教育[J].北京:北京师范大学出版社,1997.

[32] 季倩.幼儿园社区资源有效利用的思考与探索[J].中华少年,2018(16).

[33] 刘艺.幼儿园利用社区教育资源的实践研究[J].好家长,2017(02).

[34] 李冬梅.高校附属幼儿园如何有效利用社区艺术资源[J].教育导刊(下半月),2017(7).

[35] 吴小丽.社区教育资源在幼儿教育中的开发与利用[J].当代教育实践与教学研究,2015(6).

[36] 石妍.成长助教团——幼儿园家园共育的思考与实践[J].好家长,2017,(24).

[37] 朱晶晶.合作共育在幼儿教育中的作用研究[J].成才之路,2017(20).

[38] 吴舒.积极合作 家园共育——幼儿园与社区合作的思路探索[J].都市家教(上半月),2016(12).

[39] 何菲,王海娟.关于幼儿园与家庭社区协同教育的思考[J].亚太教育,2016(5).

[40] 传晓燕.幼儿园、家庭与社区合作共育的实践研究[J].时代教育(教育教学版).2019(06).